La gastronomía de Al Ándalus

FRANCISCO DE BORJA GARCÍA DUARTE

La gastronomía de Al Ándalus

Los sabores andalusíes que persisten en nuestra memoria

ALMUZARA

Primera edición: enero de 2025

Editorial Almuzara • Colección Al Ándalus
Editor: Daniel Valdivieso Ramos

www.editorialalmuzaracom
pedidos@almuzaralibros.com - info@almuzaralibros.com

Editorial Almuzara
Parque Logístico de Córdoba. Ctra. Palma del Río, km 4
C/8, Nave L2, nº 3. 14005 - Córdoba

Imprime: Gráficas La Paz
ISBN: 978-84-10525-14-6
Depósito Legal: CO-2082-2024
Hecho e impreso en España - *Made and printed in Spain*

A mi amigo José Manuel Vigueras,
el artista que dibujó al-Ándalus

In Memoriam

Índice

Introducción

La gastronomía es uno de los aspectos culturales en el que se ve claramente el legado andalusí, sobre todo en la cocina más popular, que es la que más nos ha llegado a través de la pervivencia de la población.[1] Si hacemos un repaso por los alimentos que tomaban los andalusíes, y la forma de prepararlos o conservarlos, vemos que poco ha cambiado en los últimos siglos. Han sido la tecnología y la industrialización, junto con la globalización moderna, las que, en gran parte, han ido cambiado en los últimos años la dieta, la conservación y la preparación de alimentos.

La gastronomía andalusí recoge tradiciones anteriores a la hegemonía musulmana, especialmente de la época romana, incorporando otras nuevas con las aportaciones orientales y bereberes.

La alta sociedad andalusí, mayoritariamente de origen cristiano, se fue islamizando culturalmente en muchos aspectos, entre ellos en determinados gustos gastronómicos. En los recetarios andalusíes que se conocen vemos esta influencia oriental en determinadas elaboraciones que eran

1 El tema de la gastronomía andalusí, como legado, lo hemos tratado de manera más sucinta en un capítulo del libro *Memoria Viva de Al Ándalus. El Al Ándalus que nos habita*. Almuzara 2021.

características de la cocina del Próximo y Medio Oriente, o en recetas en las que se utilizan especias y condimentos que podríamos calificar de exóticos, habituales en los recetarios palaciegos orientales, y que no estaban al alcance de la gran mayoría de la población andalusí.

Este tipo de influencia gastronómica se daba a través de la elaboración de recetarios que circularían entre cortesanos de unos y otros territorios en su afán de refinamiento y de distinción clasista. Esta afición a redactar recetarios no era exclusiva de la civilización musulmana, pues ya en la cultura greco-latina se recogían por escrito las recetas, como el caso *De res coquinaria*, de Marco Gavio Apicio[2] o las recetas que incluía el gaditano Columela en su *Tratado de Agricultura*.[3] En el mundo árabe se siguió la tradición cortesana de la literatura gastronómica, como ya ocurría en Bagdad, en el siglo X, en la que ya circulaban recetarios escritos.

Gracias a los numerosos estudios gastronómicos de la sociedad andalusí, entre los que podemos destacar los de Expiración García Sánchez o Manuela Marín, tenemos referencias de los alimentos y condimentos que se consumían en al-Ándalus a través de los tratados agronómicos, botánicos, farmacológicos y médicos, que habitualmente comentaban propiedades alimenticias o curativas de los alimentos. También hay referencias a alimentos y recetas en algunos poetas andalusíes, y en los textos conocidos como tratados de *hisba*, que servían a los almotacenes para regular el buen gobierno de la ciudad y en los que se describe la venta de alimentos en los mercados.

Pero sobre todo sabemos de la cocina andalusí por varios textos de contenido gastronómico: un recetario anónimo del siglo XIII, traducido por Ambrosio Huici Miranda de una

2 Para su consulta, aquí utilizamos la traducción de Bárbara Pastor Artigues: *Gavio Apicio, Marco: Cocina romana*. Editorial Coloquio. Madrid, 1986.

3 Utilizamos *Los doce libros de agricultura que escribió en latín Lucio Junio Moderato Columela*, traducido al castellano por D. Juan María Álvarez de Sotomayor. Tomos I y II. Madrid 1824. Recuperado y revisado por José Cerrada García (2018).

copia fechada en 1604, y que según el traductor, el manuscrito estaba muy deteriorado por la polilla;[4] otro de Ibn Razín al-Tuyibí, también del siglo XIII, traducido y comentado por Manuela Marín;[5] y un tratado de época nazarí sobre los alimentos, de al-Arbulí (el de Arboleas, Almería),[6] del siglo XV, traducido y comentado por Amador Díaz García.[7]

Los recetarios andalusíes del siglo XIII siguen la tradición oriental de la literatura culinaria. Introducen recetas de moda en Oriente, a la misma vez que recogen la tradición culinaria de Occidente, tanto del Magreb como de al-Ándalus.

Hemos de tener en cuenta que este tipo de recetarios estaban dirigidos especialmente a una clase social media o alta, de carácter urbano, por eso contienen muchas recetas en las que se incluyen condimentos que no estaban al alcance de la mayoría de la población. Otro aspecto en la que vemos el carácter elitista de estos recetarios es en la complejidad de elaboración de parte de esas recetas y en la utilización de numerosos ingredientes a la vez, en algunas de ellas.

Es posible que algunas fueran inventadas por el autor del recetario y no fuesen conocidas, ni siquiera, por la mayoría de los cocineros que trabajaban para los más potentados, si hacemos caso a las propias palabras de Ibn Razín, autor murciano del libro de cocina conocido como *Relieve de las me-*

---

4 Aquí manejamos la edición que hizo Ediciones Trea en 2005, reimpresa en 2016, con estudio preliminar de Manuela Marín. En adelante lo mencionaremos como recetario anónimo o el Anónimo.

5 Ibn Razín al-Tugibí: *Relieve de las mesas, acerca de las delicias de la comida y los diferentes platos*. Estudio, traducción y notas por Manuela Marín. Ediciones Trea, 2007.

6 El arabista almeriense Jorge Lirola Delgado considera que es un error leer este nombre como al-Arbulí y considerarlo como de Arboleas (Almería), ya que habría que leerlo como al-Uriyuli (el de Orihuela).

7 Díaz García, Amador. (1979-1980), «Un tratado nazarí sobre alimentos: Al-Kalâm alà l-agdiya de al-Arbûlî. Edición, traducción y estudio con Glosario. (I)», *Cuadernos de Estudios Medievales* VII-VIII, Universidad de Granada. pp. 5-37; y Díaz García, Amador (1983), «Un tratado nazarí sobre alimentos: Al-Kalâm alà l-agdiya de al-Arbûlî. Edición, traducción y estudio, con glosarios (II)», *Cuadernos de Estudios Medievales* X-XI, Universidad de Granada, pp. 5-91.

sas, acerca de las delicias de la comida y los diferentes platos donde manifiesta explícitamente que «he compuesto este libro mío reuniendo recetas de cocina e introduciendo en él de forma exhaustiva lo que he considerado más conveniente o los muchos platos que he inventado».[8] Sospechamos que no serían muchos los platos inventados por él, sino que alteraría algunos dándoles su toque personal, como suelen hacer los cocineros.

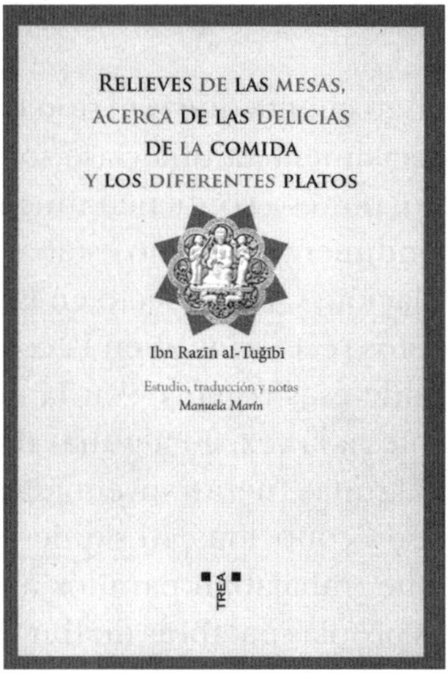

Imagen 1. El recetario del murciano Ibn Razín al-Tuyibí, del siglo XIII, ha sido traducido y estudiado por Manuela Marín.

Aunque bastantes de las recetas recogidas están destinadas a esa clase más pudiente, gustosa de los sabores agridulces potenciados por condimentos costosos de elaborar, como el almorí, y costosos monetariamente como las especias, algunas de ellas importadas, sin embargo también se incluyen recetas de platos sencillos, como las sopas desmigadas o las gachas y purés, fáciles de elaborar y hechas con componentes asequibles al pueblo llano.

8 Ibn Razín, p. 73.

Incluso vemos en la información que nos dan algunos textos cómo la población podía adquirir platos cocinados, que eran parte de la alimentación más popular en las ciudades, en tiendas especializadas de comidas preparadas que se instalaban en los zocos y mercados al aire libre.

La mayoría de las recetas que nos han llegado no contienen las cantidades ni los tiempos que han de emplearse en su elaboración. En bastantes casos tampoco se explicitan los pasos que han de seguirse, o se expresan de forma confusa, ya sea por la redacción del propio copista o por la falta de alguna línea, como bien señalan sus traductores; por lo que nos ha costado a menudo tratar de identificar qué tipo de elaboración culinaria es la que el autor del recetario nos ha querido transmitir y eso también ha dificultado sobremanera tratar de relacionar esos platos con otros posteriores de la gastronomía tradicional. Estas dificultades se ven más en el recetario anónimo donde, a veces, la traducción no alcanza un sentido lógico.

Los primeros recetarios que se conocen en el mundo cristiano peninsular son algo posteriores. El primero es el recetario manuscrito conocido como *Llibre de Sent Soví*, datado en el siglo XIV y considerado como primer recetario medieval en una lengua romance, en este caso el catalán. También en catalán se publicó a principios del siglo XVI el *Llibre del coch* (1520) del «mestre Robert», aunque parece que se escribió a finales del XV. Esta obra se tradujo al castellano en 1525 como *Libro de guisados, manjares y potajes intitulado libro de cozina*, del mismo autor, conocido como Ruperto de Nola. Su éxito le llevó a tener varias ediciones en catalán y castellano durante el siglo XVI, incluso llegó a ser plagiado en parte por el cocinero Diego Granado, en 1599, en su *Libro de arte de cocina.*

Otro recetario de la primera mitad del siglo XVI, influido por recetarios anteriores como el de Ruperto de Nola o un Anónimo conocido como *Vergel de señores*, es el *Regalo de la vida humana* del navarro Juan Vallés. En estos, y otros recetarios de los siglos XVI y XVII se ven las influencias de las cocinas de moda entre la alta sociedad. Por un lado, recogen las tradiciones autóctonas de épocas anteriores; por otro, recogen elaboraciones de tipo andalusí, a la vez que se van incorporando platos de las cocinas europeas, especialmente de la francesa y de la italiana.

Lo mismo que se incorporaron platos orientales en los recetarios andalusíes, recogidos de los publicados con anterioridad en el Oriente islámico, también hubo una influencia de elaboraciones y técnicas culinarias de al-Ándalus, además de influencias europeas, en los recetarios del mundo cristiano peninsular. En estos recetarios vemos platos muy semejantes a los que contienen los textos andalusíes. Nombres que recuerdan a la cocina de al-Ándalus, o prácticas idénticas a las andalusíes, como, por ejemplo, acabar un plato de carne espolvoreado con azúcar y canela o con un encostrado de huevos batidos con especias.

Se puede ver la evolución de la influencia andalusí en la cocina cristiana del norte peninsular a través de los alimentos que consumían los clérigos, nobles y reyes. Hasta el siglo XIII, estas clases privilegiadas tenían una alimentación bastante sencilla, en relación con la elaboración de los alimentos, aunque no en las cantidades, que variaban según el estamento social. En los diferentes estudios realizados sobre la alimentación medieval en el Reino de Aragón[9] se ve cómo van apareciendo en las dietas aragonesas, a medida que va avanzando el tiempo, productos y elaboraciones típicas de la cocina andalusí.

No solo se da una interrelación gastronómica a nivel de las élites, sino que a nivel popular debió producirse una cierta influencia de los gustos gastronómicos andalusíes en la población cristina de los reinos del norte peninsular a través, especialmente, de los movimientos migratorios de población mozárabe y sefardí, que no olvidemos que también eran andalusíes, junto a los mudéjares que quedaron en esos reinos, y por la diáspora granadina morisca, ya en la Edad

---

9 Estudios recogidos por Piedrafita Pérez, Elena (2012): *La cocina de la Corona de Aragón en la Edad Media*. Academia Aragonesa de Gastronomía.

Moderna. Incluso se puede contemplar esa influencia gastronómica, también en el Magreb, a través del exilio andalusí al norte de África, y en América Latina, donde hoy todavía se conocen elaboraciones culinarias con nombre o sabor andalusí.

En al-Ándalus era habitual la existencia de huertos experimentales auspiciados por la administración donde se introducían y se aclimataban nuevas especies. En esa época se introdujeron productos como el arroz, la naranja, el limón, la lima, la cidra, panizo, el sorgo o zahina, la berenjena, la alcachofa, la espinaca, la acelga, colocasia, sandía, la granada safarí, caña de azúcar o melón de Egipto. Con estos nuevos productos y los que ya existían con anterioridad, podemos decir que los andalusíes contaban con verduras frescas todo el año, lo que era una gran ventaja para una alimentación variada y saludable. Después de la conquista de América se fueron introduciendo nuevos productos frescos, especialmente el pimiento, el tomate y la patata, que fueron completando la dieta peninsular actual.

La medicina andalusí tenía muy claro hasta qué punto era importante la alimentación para una buena salud. Los médicos solían tener buenos conocimientos culinarios, y los botánicos y agrónomos sabían de las propiedades dietéticas y digestivas de determinadas plantas. Gracias a la preocupación por la dieta y la higiene, los andalusíes llegaban con asiduidad a vivir hasta los ochenta y más años, no siendo extrañas las personas que alcanzaban la cifra de los cien años, mientras que entre los cristianos septentrionales, era más habitual que sufrieran ataques de gota, envejecieran y murieran más prematuramente, víctimas de sus excesos alimenticios, en el caso de los más potentados, o de sus desequilibrios dietéticos, en el caso de los más humildes.

Averroes y Maimónides son dos ejemplos de la preocupación de la medicina andalusí por la salud a través de la alimentación. Averroes nos dice que «el uso de la comida, de acuerdo con las normas de la medicina, previene la enfermedad». Maimónides también insistía en sus escritos que no comer mucho y hacer ejercicio era fundamental para conservar una buena salud y avisaba contra el exceso en la comida: «El comer en exceso es como un veneno mortal para cualquier tipo de constitución corporal, y es la principal causa de todas las enfermedades».[10] Esta forma de entender la salud es la que nos ha llegado hasta ahora bajo el paraguas de lo que se conoce actualmente como medicina naturista.

En relación a la salud era importante la higiene personal de los cocineros, de los utensilios que se manejaban y la de los propios alimentos, que no deberían estar en mal estado. En las normas del buen gobierno del zoco se ven continuamente recomendaciones de estricta higiene a los diferentes profesionales relacionados con la alimentación. Referente a los profesionales de la cocina se establecía que «no se dejará a los cocineros guisar de noche, ni al amanecer, y tampoco en casas solitarias ni en lugares ocultos. Habrán de hacerlo en tiendas encaladas y enlosadas para poder fregarlas en cualquier momento. Realizarán sus preparaciones a la luz de la mañana y en sitio donde ninguno de sus actos quede oculto, con el fin de que el alamín que se les ha nombrado presencie cómo limpian la carne, la meten en ollas y ponen al fuego, tras condimentar con las especias y demás [ingredientes] necesarios para guisarla».[11] La higiene personal y de los utensilios que se utilizan en la elaboración era fundamental: «El almotacén ha de obligarles a lavarse el tronco y el cabello por el mucho prurito corporal. Habrán de fregar las vasijas y ollas».[12]

Referente a los amasadores de pan: «oblíguese a los operarios que hacen el pan a lavar todos los días sus artesas para amasar, así como sus lienzos [...] se les exhortará a bañarse a menudo, y a lavarse la cabeza, especialmente durante

---

10 Citados en Mª Dolores Huetos Solano y Jordi Salas-Salvadó, «Alimentación, dietética y nutrición en al-Andalus», artículo incluido en *La alimentación y la nutrición a través de la Historia*. Editorial Glosa, 2005, p. 232.

11 Al-Saqatí al-Malaqí, *Libro del buen gobierno del zoco*. Edición por P. Chalmeta y F. Corriente. Traducción y estudio por P. Chalmeta. Edición de la Fundación Ibn Tufayl de Estudios Árabes. Almería 2014, p. 113.

12 Al-Saqatí, p. 116.

el verano. Así mismo habrán de fregar sus cacharros para el agua».[13]

Referente a los carniceros: «el alamín del zoco les obligará a lavar y limpiar todos los días las esteras donde colocan la carne».[14] También se establecían normas referentes al atuendo de trabajo: «así mismo, conviene obligue a los operarios que preparan cualquier clase de alimentos a que no emprendan ninguna de sus tareas [...] sin haberse revestido con el paletoque [especie de sudadera sin mangas de la época] el cual empapa el sudor, lavándolo diariamente».[15]

Pero la higiene en la cocina no era solo vigilada en los zocos sino que también se trasladaba a las casas. Los recetarios acostumbran a aconsejar medidas de higiene a la hora de cocinar: «y digo que lo primero, por lo que se debe empezar en el arte culinario, es el cuidado en la suciedad y la putrefacción y en limpiar los utensilios empleados para ello, en la limpieza de la cocina».[16] Igualmente se debía tener una especial higiene a la hora de servir la comida sobre la mesa, que debería hacerse sobre un mantel y no sobre la propia madera de la mesa. Una costumbre que, según el historiador cordobés Ibn Hayyan, la introdujo en al-Andalus el polifacético personaje Ziryab.

Avenzoar recomendaba sobre el tipo de alimentos y la cantidad que eran más adecuados según la estación del año: «puesto que la digestión es más fuerte en invierno, la cantidad de alimentos ingeridos tiene que ser mayor en esta estación; cuando haga más frío y hay más humedad, los alimentos han de ser más calientes y secos».[17] El último rey zirí de Granada, Abd Allah, reflexiona en sus memorias sobre algunos aspectos de la alimentación, recogiendo frases de sabios médicos o de hadices atribuidos a Mahoma: «el origen de toda dolencia es la indigestión y la base de todo remedio

13 *Ibidem*, p.102.

14 *Ibidem*, p.110.

15 *Ibidem*, pp.103-104.

16 *Recetario Anónimo*, p.114.

17 Citado en *Alimentación, dietética y nutrición en al-Andalus*, p. 233.

es la dieta».[18] También opinaba, al igual que los sabios médicos, que es mejor no saciarse a la hora de comer y «que debe emplear el hombre los más ligeros, incluso si eso le obliga a hacer comidas varias veces al día, porque así la digestión será más rápida, el estómago conservará el apetito y los miembros todos andarán más sueltos».[19]

Las recomendaciones del rey granadino iban dirigidas a la élite económica de la sociedad urbana andalusí que, en su afán de diferenciarse de la plebe, no escatimaba en la utilización en su dieta de los más diversos tipos de alimentos y especias, incluidos los más caros y exóticos. El tunecino de origen andalusí, Ibn Jaldún (siglo XIV), decía que «los habitantes de las ciudades comen demasiado, sin tasa ni medida. Cuando guisan, añaden a la comida muchas especias, hierbas y frutos, frescos y secos, no limitándose a unos pocos. En cierta ocasión, he llegado a contar hasta cuarenta clases distintas de legumbres y carnes en un solo plato».[20] No exageraba nada si vemos algunas de las recetas, como una que se denominaba «El completo»,[21] donde se cocina al horno un carnero entero relleno en su vientre de diferentes aves, cada vez más pequeñas, que a su vez están rellenas con variados frutos secos y gachas de pan y huevo. En el relleno también se utilizan huevos duros, albóndigas, limas en conserva, aceitunas, y una gran variedad de especias.

También se daban consejos sobre el orden de tomar los alimentos, sugiriendo Averroes ingerir primero las verduras y ensaladas, una costumbre que hoy seguimos practicando. El refinamiento de la cocina andalusí llega incluso hasta el establecimiento de un protocolo en el servicio de los platos, protocolo que se atribuye al personaje llegado

---

18 Abdalá Ibn Buluguin Ibn Badis, *El siglo XI en 1ª persona. Las «memorias» de Abd Allah, último rey Zirí de Granada destronado por los Almorávides (1090).* Traducción y notas: E. Leví-Provençal y E. García Gómez. Alianza tres, 1981, p. 310.

19 *Ibidem*, p. 313.

20 Al-Saqatí, prólogo, nota 84.

21 Anónimo, p. 63; Ibn Razín, p. 172.

desde Bagdad a la corte emiral cordobesa en el siglo IX. Se trata del mencionado Ziryab, que contribuye con sus aportaciones a la orientalización de la alta sociedad andalusí en varias facetas, entre ellas la gastronómica.

Se atribuye a aquella época el establecimiento del orden en que se toman los alimentos: primero los más blandos, como las verduras y ensaladas y los guisos de *tafaya*, más ligeros y digeribles, como asimismo recoge el recetario anónimo del siglo XIII; a ellos les seguirían los más pesados, terminando con los platos dulces.

Ibn Razín también aconsejaba el orden en que se debían comer los alimentos, aunque en su explicación se contradice, pues, por un lado dice que «es necesario comer, en primer lugar, las cosas pesadas, para que se asienten en el fondo del estómago, que tiene más fuerza para la digestión que su parte superior»,[22] y a continuación aconseja que «las verduras se comen primero para ablandar el vientre. Todo lo que tenga un acentuado sabor salado se debe comer en segundo lugar y, al final, los dulces, las frutas y los asados».[23]

El protocolo de la gente más refinada aconseja que los platos se presenten en la mesa de forma separada, «uno después de otro y esto, por mi vida, es más hermoso que poner un montón indigesto, todo en la mesa y es más elegante, más educado y más nuevo; esta es la moda de la gente de al-Ándalus y de Occidente [...] desde los Omeyas hasta ahora».[24]

En definitiva, la base de la alimentación poco ha cambiado desde hace siglos, pero en cada época se ha dado un toque personal a la forma de preparar o cocinar los alimentos. La dieta andalusí solía incluir cereales, frutas, verduras, legumbres, leche, aceite, huevos, un poco de carne y algo de pescado. Si a esta dieta le añadimos el vino, que en al-Ándalus también se bebía habitualmente, viene a ser lo que hoy se conoce como «dieta mediterránea», que tiene su origen en la época prerromana, siendo el imperio romano el que la

22 Ibn Razín, pp. 73-74.

23 *Ibidem*, p. 75.

24 Anónimo, pp. 120-121.

difundió por todo el Mediterráneo. Pero fueron los andalusíes los que la ampliaron y la perfeccionaron, hasta tal punto que lo que hoy se recomienda como dieta mediterránea, por ser la más saludable, es básicamente la dieta andalusí que nos la han transmitido los andalusíes-moriscos.

Los cristianos contrarios a la pervivencia de los moriscos en la Península utilizaban diferentes argumentos para justificar su expulsión. Uno de ellos era su forma de alimentarse. Pedro Aznar Cardona, en su obra *Expulsión justificada de los moriscos* (1612) les acusaba de comer cosas viles «como son fresas de diversas harinas de legumbres lentejas, panizo, habas, mijo, y pan de lo mismo. Con este pan los que podían, juntaban pasas, higos, miel, arrope, leche, y frutas a su tiempo, como son melones, aunque fuesen verdes y no mayores que el puño, pepinos, duraznos, y otras cualquiera, por mal sazonadas que estuviesen».[25] Parecidas son las palabras del cura valenciano Jaime Bleda (1618), para el que los moriscos también comían cosas viles «como son legumbres, lentejas, panizo, habas, mijo y pan de lo mismo... con este pan juntaban los que podían pasas, higos, arrope, miel, leche y en Valencia cada día comían arroz. Eran grandes amigos de frutas y hortalizas. Hartábanse de pepinos, berenjenas y melones. Sus carnes ordinarias eran de cabra y de oveja. Eran grandes amigos de pescados baratos, de abadejo, bacalao y sardinas, y de ensalada cruda. Gastaban mucho aceite».[26] Es decir, a la luz de estas acusaciones, vemos que los moriscos tenían una perfecta dieta mediterránea.

La dieta andalusí más popular y, su sucesora, la dieta morisca, era bastante vegetariana, como vemos en el relato de los apologistas de su expulsión y se puede corroborar en los recetarios. También era frecuente la referencia de los literatos del

---

25 Aznar Cardona, Pedro (1612), *Expulsión justificada de los moriscos españoles, y suma de las excelencias christianas de nuestro Rey Don Felipe el Catholico tercero deste nombre. En Huesca: por Pedro Cabarte,* 1612. Obra digitalizada por la Biblioteca del Banco de España. http://www.bde.es/bde/es/secciones/servicios/Profesionales/Biblioteca/Biblioteca.html

26 Domínguez Ortiz, A., «Notas para una sociología de los moriscos españoles», en *Miscelánea de Estudios Árabes y Hebraicos,* Vol. 11, 1962, p. 12.

Siglo de Oro a la afición de los moriscos por la comida vegetariana. Por ejemplo, Lope de Vega, en *Los Porceles de Murcia* dice de los moriscos que «[...] es gente que come arroz, pasas, higos y alcuzcuz».[27]

El viajero alemán Jerónimo Münzer, que llegó a Granada muy poco después de su conquista, nos dejó una descripción de gran parte de los productos que en aquella época cultivaban los granadinos, todavía mudéjares, en la vega de Granada, que contaba «con agua abundante para el riego y de suelo tan fecundo que produce dos cosechas al año. Se dan en él la zanahoria, el nabo, el mijo, la lenteja, el panizo, el haba, la aceituna, etc., y, como no nieva nunca; es feracísimo en muchos géneros de árboles, especialmente en membrillos, higueras, almendros, granados, naranjos y cidros. Hay fruta casi todo el año, porque en el mes de abril cosechan cerezas y alcachofas; en mayo, peras y manzanas de varias clases; en junio, uvas, que duran hasta noviembre, y en octubre, cuando estuvimos en Granada, aún se veía en las cepas gran cantidad de racimos».[28]

En la mayoría de los casos es muy complicado encontrar la correlación exacta entre una receta andalusí y una actual. En general vemos esa continuidad en los componentes, en la forma de elaboración o en las técnicas de conservación; pero la gastronomía tiene su componente de creación individual que ha ocasionado que un mismo plato ha ido variando de un sitio a otro o de un momento histórico a otro, lo que determina la dificultad identificativa. Esta dificultad también la vemos en que a veces se usan nombres diferentes para un mismo tipo de plato, o un mismo nombre para distintos platos, y eso pasa ahora y pasaba entonces. Por eso exponemos aquí, de una manera sucinta, los alimentos, sus diferentes tipos de preparación, en general, y las técnicas de elaboración y conservación que se daban en al-Ándalus. En la medida que se ha podido, apuntamos algunas correspondencias

27 *Los moriscos del Reino de Granada según el Sínodo de Guadix de 1554*, p. 72.

28 Jerónimo Münzer, «Viaje por España y Portugal en los años 1494 y 1495». *Boletín de la Real Academia de la Historia*, p. 93.

de la gastronomía andalusí con la cocina tradicional, aunque creemos que sería un estudio más exhaustivo de la gastronomía popular de cada localidad lo que nos llevaría a la identificación de algunos de sus platos con la gastronomía andalusí.

1.

Los principales alimentos de los andalusíes, sus formas de elaboración y conservación

Si hacemos un repaso por los alimentos que consumían los andalusíes, sus formas de elaboración, preparación y conservación para consumir más adelante, vemos que poco ha cambiado en los últimos siglos, exceptuando, como en otros aspectos, las últimas decenas de años, en los que ha cambiado la civilización en muchos aspectos, incluido el gastronómico.

LOS CEREALES

Los cereales, junto con las leguminosas y las verduras, constituían la base de la alimentación más popular. En el Mediterráneo, el cereal rey era, y es, el trigo, aunque también se cultivaban y se consumían otros cereales, acrecentando su consumo cuando el trigo escaseaba. Eran cereales de «menor calidad» como la cebada, el centeno, el panizo y el sorgo, principalmente.

La Andalucía islámica era una región de gran producción cerealista con tradición desde la época romana, cuando la Bética ya exportaba grano a Roma. Son varios los autores que hablan de la riqueza cerealística de al-Ándalus, en general, y de algunas zonas, en particular. Por ejemplo, para el geógrafo al-Himyari, Úbeda era una «región rica en cultivos y cereales; las cosechas de trigo y cebada son abundantes».[29] Esa misma percepción era la del geógrafo ceutí, de origen malagueño, al-Idrisí (siglo XII), que nos dice que Úbeda era «una pequeña población cuyo terreno produce mucho trigo y cebada».[30] Este autor también resaltaba la abundancia de producción de cereales en la campiña sevillana al afirmar que «la campiña que la rodea [refiriéndose a Carmona] es extremadamente fértil y produce en abundancia trigo y cebada».[31]

Los cereales se consumían, preferentemente, una vez triturados y convertidos en harina, en forma de pan; pero también se consumían en otras elaboraciones como sémolas, pasta seca, tortas, masas para empanadas, para hojaldre o para otros usos. Así vemos en los recetarios cómo la harina era la base de muchos dulces, de frutas de sartén, del cuscús y migas (en forma de sémola), de las gachas, de sopas espesas o desmigadas, y de salsas como el almorí.

Igualmente se podían utilizar los cereales sin convertir en harina, especialmente el trigo, formando parte de otros platos, como ocurre en una versión de la *harisa* andalusí. Este plato se ha seguido haciendo en algunas localidades de Almería, Granada y Murcia (como la olla de trigo entero de Jumilla), añadiéndole otros ingredientes, y en su versión vegetariana se solía consumir en la Cuaresma.

El poeta cordobés Ibn Quzman menciona un plato con nombre romance, el «grañón» (del latín *granum*) en el que el trigo se cocía con leche.[32] Ese mismo plato aparece en el *Libro de guisados* de Ruperto de Nola con el nombre de «grañones». En esta receta se utiliza el grano del trigo machacado.

29 Al-Himyari, *Kitab ar-Rawd al-Mi'tar,* traducido por Mª Pilar Maestro González, Valencia 1963, p. 33.

30 Al-Idrisí, «Geografía de España. Traducción española por Eduardo Saavedra y Antonio Blázquez. Índices por Antonio Ubieto Arteta». *Textos medievales*, 37. Zaragoza 1988, p. 194.

31 Al-Idrisí, p. 198.

32 Rubiera Mata, Mª Jesús (1994), *La dieta de Ibn Quzmán. Notas sobre la alimentación andalusí a través de su literatura.* Agencia española de cooperación internacional, p. 129.

Primero se cuece en agua y se deja toda la noche reposar. Al día siguiente se vuelve a cocer en leche de almendras o, como señala el autor, mejor en leche de cabra.

En definitiva, el trigo era el cereal más apreciado y consumido por la población andalusí según constata el propio autor del Anónimo: «Se hacen con trigo platos que se desean y se encuentran buenos y que saborea todo el mundo, sobre todo en los inviernos y en los días fríos».[33]

Ibn Quzmán también menciona harinas hechas con legumbres como la harina de habas y de garbanzos (*hummus*). Estos dos tipos de harina han tenido una aplicación en la elaboración de algunos platos que han llegado hasta nuestros días en la gastronomía popular, como el ajoblanco de harina de habas, y las gachas de harina de garbanzos.

Otro de los cereales que se introdujo en al-Ándalus fue el arroz (del árabe andalusí *arrawz*). Parece que su cultivo, y por lo tanto su consumo, ya se daba en el siglo X, pues es citado en el *Calendario de Córdoba*. Era muy apreciado el arroz con leche, al que se le añadía azúcar o miel y mantequilla, y algunas especias como la canela. Este aprecio lo mostraba el cadí malagueño Ibn al-Azraq cuando recordaba sus costumbres culinarias desde el exilio en Túnez (siglo XV): «siento predilección por el arroz, cuando se cuece con leche».[34] Además se usaba en algunos guisos, como en una variante de la *harisa*. Se hacía también un guiso de arroz con pescado en el que «se ha creído encontrar el precedente de la paella».[35]

Ibn Razín da una receta de puré de arroz, que es básicamente un puré de arroz descascarillado y triturado y cocido en agua, de la que dice que no era muy común en al-Ándalus, salvo en su ciudad, Murcia, o en Valencia, que eran

33 Anónimo, p. 238.

34 Citado por García Sánchez, Expiración (1980), *Ibn al-Azraq: Uryuza sobre ciertas preferencias gastronómicas de los granadinos*. Andalucía Islámica, Textos y Estudios I.

35 García Sánchez, Expiración, «La gastronomía andalusí», 1995. En *El zoco: vida económica y artes tradicionales en al-Andalus y Marruecos*, Purificación de la Torre, coord., Barcelona, pp. 49-57.

zonas de cultivo de arroz.[36] Aunque también sabemos por los tratados agrícolas andalusíes que este cereal se cultivaba igualmente en la desembocadura del Guadalquivir y en el Aljarafe.

Imagen 2. Morisco llevando la tabla de pan a la tahona. Dibujo de Cristoph Weiditz.

36 Ibn Razín, p. 103.

El pan

En al-Ándalus se comía, principalmente, el pan de trigo siempre que se podía. El pan más apreciado era el pan blanco, hecho con «la flor de la harina» de la variedad candeal. La población que tenía menor poder adquisitivo también consumía pan hecho con otro tipo de cereales más económicos. Incluso se elaboraban panes con harina de legumbres secas, como garbanzos o habas, o de frutos secos, como las castañas o las bellotas, sobre todo cuando había escasez de trigo.

La costumbre era que se amasara en las casas, y se cociera en el horno, el anafe o la «placa». Si no se tenía horno privado, como pasaba en la mayoría de las casas, se llevaba a cocer a los hornos comunitarios, muchos de ellos de carácter público, marcando la masa con una estampilla con un signo distintivo, normalmente su nombre. Se pagaba al tahonero, en especie, con una parte de la masa (*buya*). Esa costumbre siguió después de la conquista cristiana. En la época morisca se seguía llevando el pan a cocer a las tahonas pagando la «poya» (nombre derivado de *buya*), una parte estipulada de la masa, con la que el panadero hacía su pan y podía venderlo. Esa costumbre de llevar a cocer el pan particular al horno comunitario se ha ido perdiendo pero ha persistido, hasta no hace mucho, la tradición de llevar a hornear a las tahonas los dulces hechos a nivel particular.

Se elaboraban panes fermentados o panes ácimos (sin levadura). Para el bromatólogo andalusí de la época nazarí, al-Arbulí, «el mejor de los panes es el fermentado, amasado con sal y agua proporcionadas y cocido a fuego suave y moderado en el atanor o en el horno».[37] Igualmente, para el médico sevillano Ibn Zuhr (el Avenzoar de los cristianos) el mejor pan es el de trigo, fermentado y cocido en el atanor, mejor incluso que el cocido en el horno habitual. Para Avenzoar, «el de mejor calidad es el que se amasa con mucha

37 Díaz García, Amador, «Un tratado nazarí sobre alimentos, de al-Arbuli. Edición, traducción y estudio, con glosarios, (parte I)». *Cuadernos de estudios medievales y ciencias y técnicas historiográficas*, nº 6-7, 1981. p. 16.

agua y, al cocerlo, se asemeja a las esponjas marinas, por los ojos que presenta».[38] Es decir, que para el sevillano, el mejor pan era el esponjoso y no el apelmazado.

El atanor era un horno circular de barro, que podía ser portátil o fijo, a veces excavado en el suelo, que por su forma circular permitía que se cociera más uniformemente. El horno común, que solía ser de mayores dimensiones, era una evolución del horno romano (*furn*). Era un horno de obra estable y con bóveda.

Otra forma de hacer pan, sobre todo el ácimo, era cociendo la torta en una plancha o plato (placa) colocada sobre el fuego o, simplemente, cociéndolo sobre las cenizas. Pero este tipo de pan, al ser poco esponjoso y muy apelmazado, era poco recomendable para los médicos andalusíes.

Se comía pan blanco o pan integral. El pan blanco se hacía con la harina de trigo llamada *darmak* (adárgama). La adárgama era conocida como «la flor de la harina» que era muy blanca y que se obtenía después de una doble trituración del trigo. Después de la primera trituración, más basta, se quitaba el afrecho o salvado y se volvía a hacer una segunda más fina.

Para Maimónides, el pan integral era el mejor desde el punto de vista nutricional, una consideración que hoy vuelve a ponerse en valor: «el pan deberá ser hecho de harina sin refinar; es decir, que la cáscara no se debe quitar y el afrecho no se debe hacer más fino por medio del tamizado. Debe haberse levantado bien y estar pasablemente salado. Debe haber sido bien amasado y se le cocerá en un horno. Tal es el pan que, para los médicos, está correctamente preparado; es el mejor de los alimentos».[39]

Para Averroes, los dos tipos de pan, el blanco y el integral como el que describe Maimónides, tenían sus inconvenientes,

---

38 Ibn Zuhr, Abu Marwan, *Kitab al-Agdiya* (Tratado de los alimentos). Edición, traducción e introducción por Expiración García Sánchez. CSIC, Madrid 1992, p. 46.

39 Maimónides, *El régimen de salud*, cap. 1, p. 18. Citado en: Bolens, Lucía, *La cocina andaluza, un arte de vivir. Siglos XI-XIII.* Editorial EDAF, S.A. Madrid 1992, p. 77.

así que para él sería más recomendable, desde el punto de vista dietético, el pan de almodón, que sería como una harina integral, obtenida del trigo entero pero hidratado antes de su trituración. Para Averroes «es menos espeso que el de adárgama y se digiere antes».[40] Este tipo de pan se podía enriquecer con semillas con el objeto de hacerlo más diurético.

Parece que el pan de almodón (de *madhún*, remojado o mediano) se hacía solo en al-Ándalus, pues según la especialista en la alimentación de la época, Expiración García Sánchez, este tipo de pan no aparece en ninguna fuente oriental.[41]

Aunque se hacía pan ácimo (sin levadura), el médico y filósofo cordobés no lo recomendaba por ser menos digerible. Sobre todo no era adecuado para las personas más sedentarias o que no realizan trabajos fuertes. Esa era la misma opinión del médico sevillano Avenzoar.

Además del trigo, se utilizaban otros cereales para elaborar pan. Se hacía pan de cebada, de mijo, de sorgo o panizo, o de almortas, que según Avenzoar, era nocivo si se tomaba con asiduidad; y de arroz, que resulta astringente. Asimismo se hacía pan de legumbres como lentejas, habas, algarrobas, garbanzos o alubias; o de frutos secos como las bellotas y las castañas. También se hacía pan de espelta, una variedad de la familia del trigo, que al-Arbulí ya consideraba que tenía más propiedades alimenticias que el trigo, como hoy se reconoce. El viajero alemán Jerónimo Münzer también recoge en su relato por tierras de Granada que sus habitantes hacían el pan con varias clases de granos, sobre todo con trigo, mijo y panizo.[42]

El pan de panizo era bastante consumido por los andalusíes. Ibn Razín decía que era, después del de trigo, «el más apreciado por los andalusíes, y lo consumen en abundancia

---

40 Citado por García Sánchez, Expiración: «La alimentación en la Andalucía Islámica. Estudio histórico y bromatológico (I) Cereales y leguminosas». Publicado en *Andalucía Islámica.* Textos y Estudios II-II (1981-1982) p. 157

41 «La alimentación en la Andalucía islámica (I)», p. 146.

42 Jerónimo Münzer, p. 96.

en la época de la cosecha del panizo».[43] Esa era la misma opinión de Avenzoar que lo consideraba como el más sabroso, después de los de trigo y cebada. El granadino Ibn al-Jatib lo consideraba como la mejor alternativa al pan de trigo para la gente más humilde del campo, sobre todo en invierno. Incluso los moriscos lo tenían en su dieta como un alimento habitual.

El apologista de la expulsión de los moriscos, el cura Jaime Bleda, en sus acusaciones contra ellos, mencionaba su afición por el pan de panizo y de mijo. El recetario de Ibn Razín recoge una receta de pan de panizo en la que, incluso, vemos la utilización de semillas para adornar y reforzar el pan: «sobre la superficie de las obleas se pone sésamo, anises y granos de hinojo. Se cuecen deprisa porque, si no, se estropean».[44] Esta es una costumbre que hoy se ha recuperado por la panadería más artesana.

El panizo se conocía en la sociedad cristiana como «trigo de moro», precisamente por esa afición de los andalusíes a su consumo. Cuando llegó de América el maíz, quizás por una relativa semejanza de la mazorca del panizo con la del maíz, se llegó a denominar con ese mismo nombre al maíz, de tal manera que hoy, en Cataluña, se le llama *blat de moro* («trigo de moro») al maíz.

Con la harina de los cereales se hacían diferentes tipos de tortas de pan. Los panes delgados y planos recibían el nombre de *raguif*, nombre que ha dado el arabismo castellano *requeifa*, ya en desuso. En Marruecos reciben el nombre de *ragaif*, o *msemen*, y en el portugués ha quedado *regueifa* como arabismo con el significado de torta, y en el gallego *regueifa*, que era un pan especial que se preparaba para los banquetes de boda y que ha pasado a denominar a una canción que se cantaba el día de su elaboración.

El *ragaif* norteafricano actual, una tortita delgada, es algo diferente a una versión del *ragaif* nazarí, que sería más

43 Ibn Razín, p. 79.

44 *Ibidem*.

parecido a la actual torta portuguesa o al bollo de pan gallego (*regueifa*) que llevaba huevo y azúcar. Una elaboración que se sigue haciendo en algunas zonas de Andalucía, Extremadura y la Mancha es el «hornazo de huevo» que es descendiente del *ragaif* andalusí, ya que la traducción que viene en el vocabulario árabe-castellano de Pedro de Alcalá identifica la *ragifa* o *ragaif* como «horonazo de gueuos» (hornazo de huevos).[45]

Imagen 3. Hornazo de Jaén.

Según recoge Mercedes García Arenal, los moriscos comían unas tortas de pan cenceño o pan ácimo conocidas como *mizquema* o *mizgueme o mezuamas*, un término relacionado con el *msemen* norteafricano y que sería el nombre con el que los moriscos denominaban a una versión del *ragaif* andalusí, y que seguían consumiendo en su exilio por tierras cas-

45 Pezzi, Elena (1989), *El vocabulario de Pedro de Alcalá*. Editorial Cajal, Almería, p. 301.

tellanas y, después, por tierras norteafricanas. Parece que se acompañaban con diferentes alimentos. Se podían confeccionar con ajo y aceite o incluso queso, y se comían mezcladas con otros alimentos en festividades como año nuevo o durante el ramadán: «El *mizgueme* es una importación típica granadina desconocida en Castilla antes de 1570. Ginés Pérez de Hita explica que a los moriscos de Granada les prohibieron que tomaran ni en las Navidades y días de años nuevos sus comidas según sus costumbres, que las llamaban *mezuamas*».[46]

Las pastas alimenticias

En la cocina andalusí era muy frecuente la utilización del pan fermentado o tortas de pan sin fermentar, como ingredientes de diferentes platos. Una forma de que la masa de pan se conservara durante más tiempo, para poderla consumir en situaciones en las que no se podía usar recién hecha, o para tenerla a mano para utilizarla después en recetas como las sopas desmigadas, era haciendo la masa sin levadura y secándola, normalmente al sol. Es lo que se conoce como pasta seca alimenticia.

En al-Ándalus se elaboraban pastas secas con harina de cereales, especialmente de trigo, de la variedad candeal, que al contener más gluten ayuda a que la pasta, al secarse, conserve mejor su forma. Diferente es que se usara pasta fresca, que se elaboraba justo antes de ser cocinada, y que podía hacerse de trigo común. Una de estas pastas que se elaboraban expresamente para incorporar a un guiso es la que el cocinero murciano Ibn Razín denomina como *al-taltín*: «Se amasa la harina con agua, sal y un poco de levadura, en una masa firme. Después se extiende sobre la mesa, lo más fina posible, y se corta con el cuchillo en pedazos cuadrados, del ancho de dos dedos».[47] Aquí vemos lo que actualmente se

46 García Arenal, Mercede,: *Inquisición y moriscos, los procesos del tribunal de Cuenca*, Siglo XXI editores, 1987, p. 72.

47 Ibn Razín, p. 137.

conoce como «andrajos» en Jaén, Granada, Almería, y en algunos pueblos de Murcia y Albacete.

La masa se podía secar al sol, como indica Ibn Razín en la receta anterior, o se podían secar las tortas en la sartén o en la plancha, como indica el propio gastrónomo andalusí en otra receta, o como ocurre actualmente con los «jarapos» de Aldeaquemada (Jáen), que después de hechas las tortas de masa en la sartén, se trocean en la cazuela. En otras recetas se introducen en el guiso los trozos de masa fresca, como se hace con las «tortas de Gachas» de Arbuniel (Jaén). En el caso de la receta de Ibn Razín se incorporan a un guiso de col, y en las diferentes versiones que se hacen actualmente, aunque algunas siguen siendo vegetarianas, en general se les incorpora carne o bacalao.

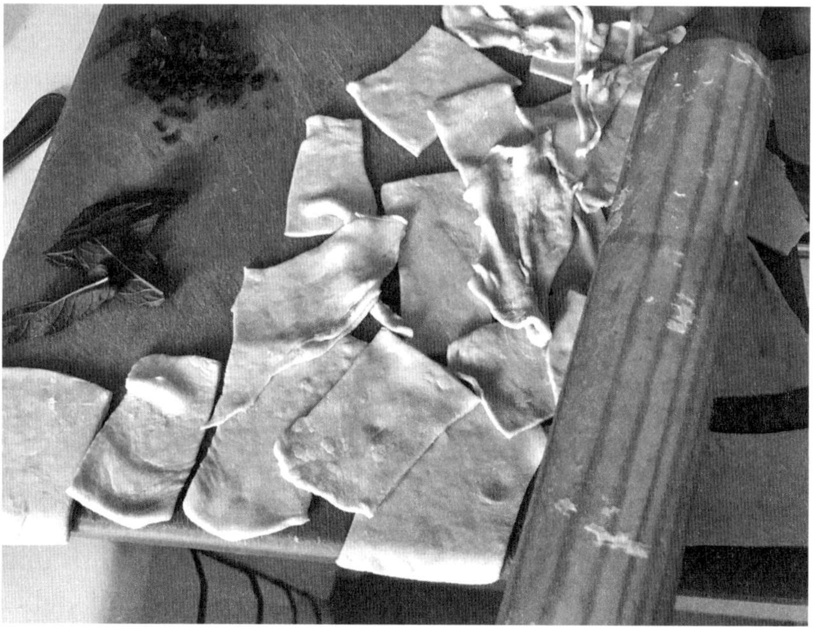

Imagen 4. Elaboración de andrajos. Foto de la web *zampatelmundo*.

Era muy conocido el *fidaw*, palabra de origen andalusí que designaba a diversos tipos de pasta seca con diferentes formas que, según el recetario anónimo del siglo XIII, «tiene tres clases: la alargada a modo de trigo, la redondeada a modo de grano de cilantro [...] y la que se hace delgada».[48] La primera forma de *fidaws* que menciona el Anónimo, «la alargada a modo de trigo», es la misma que indica el murciano Ibn Razín cuando nos explica cómo se hacían *fidaws* con esa forma de granos de trigo que es, básicamente, la misma forma como se hace un tipo de pasta conocida actualmente en Murcia y Andalucía como «gurullos»:

> Se amasa una cantidad de cuarto de arrelde de sémola con agua y sal hasta conseguir una masa firme. Se soba bien y se pone en un recipiente tapado. Después se va afinando con los dedos poco a poco, dándole la longitud de un grano de trigo; cada grano debe ser muy fino y sus extremos más delgados que el centro. Los granos se van colocando en una bandeja frente a quién los está haciendo. Cuando se haya terminado de trabajar la masa, se pone a secar al sol.[49]

La tercera forma de *fidaws*, a la que se refiere el recetario anónimo como «la que se hace delgada», es la que se conocía con el nombre de *itriya* o *al-itriya*, de donde viene el arabismo actual «aletría». Ese es el nombre de origen andalusí que, aunque se identificaba entonces más como macarrones, ha quedado para designar a los fideos filiformes, y así lo recoge el diccionario de la RAE, como equivalente a fideo, considerándolo como propio de Murcia, aunque vemos que ese nombre se usa también en otras zonas, como en Almería, y en la cocina portuguesa donde el fideo conocido como «aletria» (sin tilde) forma parte de un plato dulce.

Ibn Razín nos dice que para hacer la aletría «se amasa sémola o harina con agua y un poco de sal hasta conseguir una masa bien firme. Se extiende sobre la mesa o sobre una tabla alargada y se da forma a la aletría con las manos, haciéndola lo más fina que se pueda; se deja secar al sol».[50]

48 Anónimo, p. 228.

49 Ibn Razín, p. 134.

50 *Ibidem*, p. 135.

Imagen 5. Gurullos de Almería. Los «gurullos» que se utilizan en algunos guisos son un tipo de pasta seca descendiente de los *fidaws* andalusíes.

Un guiso elaborado con *fidaws,* que aparece en el recetario anónimo andalusí, es lo que hoy se conoce como *fideuá,* un plato típico de la zona levantina, muy parecido a la paella, pero en el que se emplean fideos en vez de arroz, aunque en la receta andalusí se podía hacer con arroz o con fideos, indistintamente:

> Se toma carne de las colas, de las piernas del pecho, de la cintura y lo que haya de ellas que sea graso, se corta y se pone en la olla con sal, cebolla, pimienta, cilantro seco y aceite; se pone a un fuego moderado y se cuece hasta estar en sazón; luego se saca y se clarifica la salsa, se vuelve a la olla y se le añade mantequilla, grasa tierna y aceite dulce; cuando ha hervido, se ponen fideos finos en cantidad suficiente, se hierve y se

> agita suavemente y cuando se seca el agua y está a punto, se aparte del fuego y se deja un poco; se vierte en la fuente y se iguala hasta que se disuelva la grasa; luego se toma, si la quieres, cocida como está, o frita y se alinea en la fuente, se maja algo de ello en los fideos y se espolvorea con canela y jengibre y se presenta; con esta receta se hacen el arroz y los fideos.[51]

Es decir, que aquí vemos una receta que podría ser una paella de arroz o una *fideuá*, en función de si se utiliza arroz o fideos.

La sémola era otra elaboración de los cereales que consiste en una harina gruesa, poco molida, que se hace con trigo u otros cereales. Se empleaba sobre todo la de trigo y se usaba para algunos guisos, sopas, migas y gachas. Con la llegada de los bereberes se introdujo otra manera de consumir la sémola en un plato conocido como alcuzcuz o cuscús y que los andalusíes adaptaron su elaboración a sus propios gustos.

El nombre de ese plato viene por la utilización en su elaboración de otra pasta seca, hecha con harina de sémola, conocida como *kuskusú*, el alcuzcuz o cuscús actuales, y que el vocabulario árabe-castellano de Pedro de Alcalá, traduce como «hormigos de masa». Esa asimilación de las bolitas del cuscús con la cabeza de las hormigas (u hormigos, como se sigue denominando en pueblos del antiguo Reino de Granada) la vemos en la receta de confección del alcuzcuz que da el murciano Ibn Razín:

> Se coge sémola fresca y se pone en la artesa. Se rocía con agua en la que se ha disuelto un poco de sal y se remueve con las puntas de los dedos para que la absorba. Luego se frota entre las palmas de las manos con cuidado para que tome la forma de cabezas de hormiga. Se sacude en un cedazo fino para que pierda toda la harina que tenga y se deja reposar tapada.[52]

El cuscús, aunque de origen norteafricano, debió tener bastante aceptación entre la población peninsular. Incluso aparece su receta en el libro *Arte de cocina, pastelería, bizcoche-*

51 Anónimo, p. 229.

52 Ibn Razín, p. 134.

ría y conservería, publicado en 1611 por el cocinero real Francisco Martínez Montiño. A partir de ahí, posiblemente por ser considerada como comida de moros, desaparece de los recetarios, aunque a nivel popular se seguía haciendo con el nombre de «hormigos».

Una variante del alcuzcuz, algo diferente al magrebí, se ha cocinado hasta principios del siglo XIX en Granada. Pero ya en esa época, el botánico y arabista Simón de Rojas Clemente decía que se estaba perdiendo.[53] Una elaboración andalusí del alcuzcuz la podríamos ver en una receta que aún se cocina en algunos pueblos de Almería. Es la «harina torcía», donde se utilizan bolitas de harina humedecida, tal y como describe Ibn Razín. También podemos ver una variante del alcuzcuz en las actuales migas de sémola de trigo.

Otra versión andalusí del alcuzcuz sería con migas de pan. El compilador del recetario anónimo recoge una receta elaborada con migas de pan a la que califica de «alcuzcuz que se hace con migas de pan candeal»:

> Se toman migas y se amasan a mano en la fuente, como se amasa la sopa [*hasu*] y que no sea el pan frío ni muy caliente; se pone en una olla agujereada y cuando ha salido su vapor, se echa en la fuente y se amasa con gracia o se rocía con la salsa de la carne apropiada.[54]

Dentro de lo que sería la pasta seca se pueden incluir una serie de elaboraciones de masas de pan sin levadura, secadas al sol, para que aguanten más tiempo. Entre ellas podemos incluir unas tortas finas, que menciona Ibn Razín, hechas de una masa de sémola sin levadura que «luego se hacen con esta masa obleas pequeñas finísimas que se ponen en un cedazo a secar al sol».[55] Igualmente se podría considerar como pasta seca la receta de rosquillas (*ka'k*) en su versión salada,

---

53 Citado en Torres Montes, Francisco, «Léxico de la cocina tradicional almeriense (con especial atención a las legumbres)», en *Estudios ofrecidos al profesor José Jesús de Bustos Tovar* (Vol. I) Editorial Complutense. Madrid, 2003, pp. 681-698.

54 Anónimo, p. 226.

55 Ibn Razín, p. 94.

que contiene el Anónimo, compuesta de harina de trigo candeal o de sémola, al que se le añade aceite para darle un toque de sabor, y sin levadura. Era una forma de conservar el pan más tiempo: «es bueno para viajar y no se desmiga», decía el recopilador anónimo de la receta.

En estas pastas secas, ya sea en forma de oblea o de rosquilla, podemos ver una elaboración actual que tiene mucho éxito, principalmente en la zona occidental de Andalucía. Es lo que se conoce como «regañás» y que no difieren mucho de esas pastas secas al sol de la época andalusí, aunque su confección industrial ya no necesita el «secado al sol».

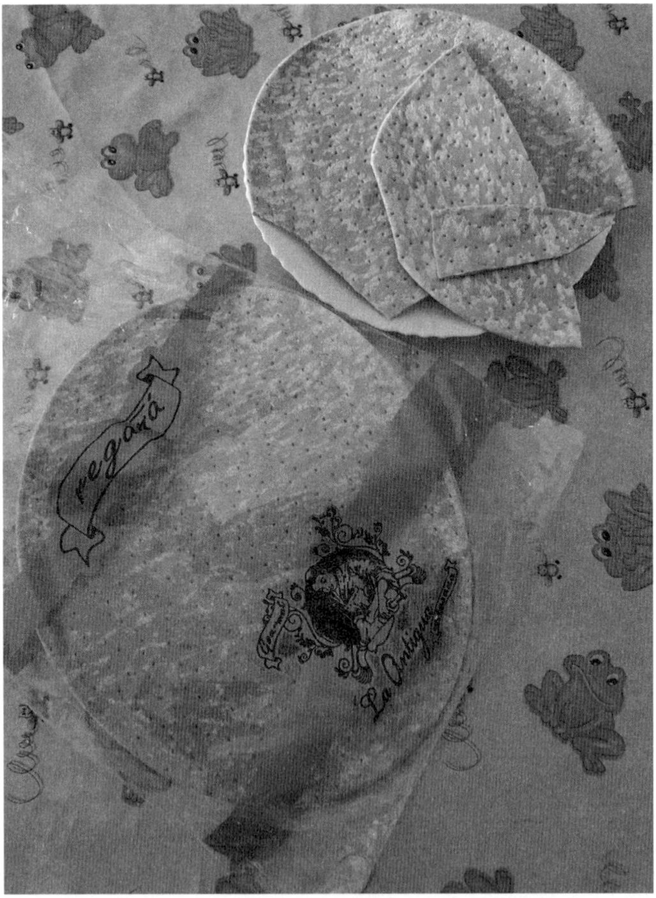

Imagen 6. Las *regañás*, tanto en forma de rosquillas o de obleas, son muy típicas de Andalucía.

También se hacían unas tortas conocidas como *habis*, muy habituales en la cocina del Medio Oriente y al-Ándalus, donde eran muy habituales, al menos desde el siglo X. Manuela Marín, en los comentarios del libro de Ibn Razín, recoge la anécdota del agasajo que se le hizo a Almanzor (final del siglo X) a su llegada a Murcia, con un plato de *habis*.[56]

Se hacían del puré del trigo remojado durante dos días. La masa espesa resultante «se cuela poco a poco, hasta que solo quede el puré más puro y espeso, con la consistencia de la cuajada».[57] Con el puré resultante se hacían las tortas en una sartén o plancha untada de aceite. Estas tortas se dejaban secar al sol durante dos días. Si se le quería dar color, se coloreaba el caldo del puré con azafrán y así la masa se tornaba amarilla. Las tortas se podían freír y bañar en miel, formando parte de la extensa variedad de frutas de sartén que se consumían en al-Ándalus. También podían trocearse e incorporarse en otros platos como las sopas desmigadas.

La harina, elaborada como pan o en sémola, era también un componente fundamental de las diferentes versiones de sopas desmigadas. La importancia de este tipo de sopas en la dieta andalusí la podemos deducir de la gran cantidad de ellas que recoge Ibn Razín al-Tuyibí en su obra *Relieve de las mesas, acerca de las delicias de la comida y los diferentes platos*.[58]

LA LECHE Y SUS DERIVADOS

La leche era uno de los alimentos básicos de la dieta andalusí y de la humanidad en general, al igual que lo había sido antes, y lo sigue siendo ahora. No sólo se consumía fresca, sino también en elaboraciones como el queso, la cuajada, la mantequilla y el requesón.

Al-Arbulí dedica un capítulo a la leche y sus derivados. La leche podía ser de diferentes animales: de cabra, oveja, vaca

56 Citado en Ibn Razín, nota 61.

57 Ibn Razín, p. 115.

58 Ibn Razín, pp. 80-99.

o burra. «La leche de cabra es la más equilibrada, después de la leche de las mujeres, y es intermedia entre la leche de vaca y la de burra, porque la leche de vaca es muy espesa y la de burra es acuosa. [...] La leche de oveja es intermedia entre la leche de vaca y la de cabra. [...] La leche de vaca es la de consistencia más espesa de todas las leches, la más difícil de digerir y la mas nutritiva. [...] La leche de burra es la de consistencia más ligera, más rápida de digerir y de menor alimento».[59]

Los andalusíes consumían también la leche desnatada:

> Como mejor puede prepararse es apagando un hierro pulido [candente] en ella, hasta que desaparezca su serosidad.[60]

Se hacía queso, tanto fresco como añejo, mantequilla, leche cuajada y requesón. Estos productos se solían tomar con miel, al igual que ahora: «El queso fresco es mejor que el añejo, por su humedad, por la cantidad de su alimento, por la rapidez en salir del estómago y por la serosidad ablandativa del vientre que contiene».[61] Al-Arbulí distingue entre la cuajada, a secas, de la que dice que «es intermedia entre la naturaleza del queso fresco y la de la leche. Es espesa, más nutritiva, y produce obstrucciones»;[62] y la leche cuajada, que es la leche agria o yogur. En los recetarios solo se nombra como ingrediente de algún plato, pero también se consumía sola, endulzada con miel o azúcar. Era muy apreciada, como ahora, la cuajada con miel. A este respecto, al-Arbulí aseguraba que el queso fresco y la cuajada «se corrige [...] tomando encima compota de miel y rosas».[63]

El queso se podía consumir solo o como ingrediente de diversas recetas, sobre todo rallado. Se solía elaborar con leche de oveja o de cabra. Con él se hacía uno de los dulces más apreciados en al-Ándalus, la almojábana, que era una especie de buñuelo relleno de queso.

---

59 Díaz García, Amador, *Un tratado nazarí sobre alimentos* (II), pp. 33-34.

60 *Ibidem*, p. 35.

61 *Ibidem*, p. 36.

62 *Ibidem*.

63 *Ibidem*.

La mantequilla fresca, que se obtenía agitando la leche entera, servía como condimento graso o como ingrediente que se añade a diversas elaboraciones. Su empleo aparece en varias recetas a pesar de la aseveración del Anónimo de que «la mantequilla no se emplea con los platos de cocina», aunque, a pesar de esa afirmación, añade en los que se utiliza: «porque sólo se gasta en las diversas clases de *rafís* [especie de galletas dulces] y en algunas tortas, y en lo que se le parece de manjares de mujeres y se necesita para el aceite, cuando se apresura a formarse sobre este la sequedad y la costra, y para las cosas picantes y con vinagre para que rompa su agudeza y las revista de blandura y suavidad y las haga provechosas en gran parte».[64]

Una forma de consumir la mantequilla era poniéndola encima de un trozo de pan, como se ha hecho siempre, aunque no a todo el mundo le gustaba por su olor fuerte, como aseguraba el Anónimo: «Muchas personas comen y añaden al pan mantequilla, y otros no pueden ni olerla».[65] Seguro que también se endulzaba con miel o azúcar como se ha seguido haciendo.

La leche también se utilizaba en la elaboración de diferentes platos como era el apreciadísimo arroz con leche, que tenía dos versiones. Una es la que recoge el Anónimo y en la que se hace una masa pastosa con el arroz cocido a la que se le introduce el azúcar para endulzarla. Se termina haciendo un hoyo en el centro de la masa en el que se introduce mantequilla o aceite de almendras.[66] Otra versión es la que recoge Ibn Razín en la que se cuece el arroz en la leche con sal y se acompaña con miel, que se introduce en el centro, o se espolvorea con azúcar.[67]

Otro plato muy popular en el mundo islámico medieval era el *tarid* o sopa desmigada, del que se hacían diferentes preparaciones. En algunas de ellas se utilizaba la leche, en

64 Anónimo, p. 117.

65 Anónimo, p. 113.

66 Anónimo, p. 235.

67 Ibn Razín, p. 135 y 101.

vez del agua, para conseguir una cocción más sabrosa; aunque, según los médicos andalusíes, era más perjudicial para la salud. Una de estas sopas migadas con leche es la que recogen los recetarios del siglo XIII con una elaboración muy sencilla y nutritiva:

> Se coge leche fresca y se pone en una olla sobre fuego flojo, removiendo con cuidado. Cuando está caliente, le viertes migas de pan ácimo firme, muy bien desmenuzadas. Debe hacerse el vertido muy poco a poco, hasta completar la cocción y que la leche las desborde. Se espolvorean con azúcar y canela. En el centro del cuenco se pone un recipiente con mantequilla fresca. Se come y que aproveche.[68]

Aunque en esta receta se utiliza el pan ácimo, en otras se indica que las migas son de pan hecho con levadura. Este tipo de sopas desmigadas con leche han seguido haciéndose a lo largo del tiempo con el nombre de «leche migada».

En otra variante de sopa migada conocida como *baysar* (crema de habas secas), que hoy se sigue haciendo en el Magreb, había una versión dulce en la que se utilizaba leche, en lugar de agua: «He oído decir —comenta Ibn Razín— que a las habas, cuando se funden y se les ponen las migas, se les vierte leche fresca hasta que la absorben y entonces se sirve espolvoreado con azúcar y con un recipiente con miel».[69] La receta de este tipo de sopa desmigada, que también recoge el Anónimo, indica que es mejor utilizar leche fresca de oveja. Esa misma apreciación es la que hace Ibn Razín para la elaboración del arroz con leche.

El Anónimo tiene una receta de unas gachas de leche con buñuelo. En este caso, el buñuelo, de gran tamaño, hecho con harina candeal y huevos, se trocea y se le va añadiendo la leche para que la empape, espolvoreándole azúcar por encima. Hemos encontrado en Iznájar (Córdoba) un postre que tiene unos componentes y una elaboración parecida. Se trata de las «albóndigas de leche» o también conocidas en el

68 *Ibidem*, p. 95.

69 *Ibidem*, p. 99.

pueblo como «güenas mozas». En este postre, los buñuelos, o «albóndigas» dulces, como se le denomina en la receta, se introducen en la leche infusionada con aromatizantes como canela y piel de limón, y el azúcar como edulcorante, y al final se introducen los buñuelos dulces que van hinchándose dentro de la leche.

No hemos visto en los recetarios una elaboración que se parezca a un postre actual conocido como «leche frita», aunque creemos que también se elaboraría este postre ya que en la época romana ya se cocinaba, como vemos en el recetario de Apicio:

> Cocer en agua caliente flor de harina, de manera que quede una masa espesa que se extenderá en una sartén. Cuando se haya enfriado, cortar en trozos y freír con aceite de la mejor calidad. Sacar de la sartén, untar con miel, espolvorear pimienta y servir. Sabrá mejor si, en lugar de agua, se cuece con leche.[70]

EL ACEITE

La Península ya contaba con una gran tradición de producción olivarera que en la época romana, en gran parte, se dedicaba a la exportación a la ciudad de Roma y otras zonas del imperio. Se producía sobre todo en la zona occidental andaluza. En la época andalusí se generalizó aún más su cultivo y consumo, a nivel popular, por todo al-Ándalus, llegando a formar parte de la dieta fundamental de la población.

Además de consumirse como alimento y para el alumbrado, también tenía usos medicinales. Se utilizaba en forma de ungüento como cicatrizante, analgésico o hidratante y en forma líquida como laxante, purgante, astringente y como enjuague para los dientes y las encías.

Aunque en la elaboración de algunos platos se usaban mantecas de animales, el aceite de oliva se fue imponiendo como la grasa fundamental en la cocina, especialmente en los fritos, a diferencia del mundo cristiano del norte que seguía

70 Marco Gavio Apicio, 63.6.

utilizando más las grasas animales. Ya al-Arbulí alababa las propiedades saludables del aceite: «Es la más conveniente de las grasas para el cuerpo humano, por su gran afinidad a él. Constituye un alimento muy bueno, y no tiene la pesadez del resto de las grasas».[71] Para el médico cordobés Averroes era la grasa más saludable que se podía usar en la cocina:

> Es un jugo muy alimenticio, equilibrado y con tendencia a una ligera calidez. Engrasa el hígado y es muy apropiado para el organismo por el conjunto de su naturaleza; por eso en nuestro país no se cuecen las carnes sino en él. Lo mismo ocurre con los caldos, o sea que se le añade al agua.[72]

Los andalusíes consumían varios tipos de aceite de oliva que se clasificaban según el procedimiento de extracción del zumo de la aceituna, según la variedad de la aceituna y según el grado de maduración del fruto. Los textos refieren tres tipos de aceite según el sistema de extracción: *zayt al-má* (aceite de agua), *zayt al-ma'sara* (aceite de prensa) y *zayt matbuh* (aceite cocido). En el primer sistema, aceite de agua, la molturación se hacía a mano, en un mortero, o mediante el pisado con un calzado especial para vencer la resistencia de la aceituna. A la pasta final se le echa agua caliente y se aplasta para que el aceite suba a la superficie, pudiéndose separar. Este sistema de extracción del aceite se podía considerar como casero, ya que no necesitaba de la voluminosa maquinaria del molino ni de personal especializado. El aceite extraído por este procedimiento era el de más calidad, aunque, por el contrario, la cantidad obtenida era mucho más exigua que con el sistema de prensado.

Otra ventaja de este sistema que contribuía a la mejor calidad del aceite obtenido era que, al hacerse en cantidades pequeñas, se podía molturar el mismo día de la recolección de la aceituna, como recomendaba el agrónomo sevillano Abu

---

71 *Ibidem*, p. 23.

72 Averroes, *Libro de las generalidades de la medicina*. Citado en: Vaquerizo Gil, Desiderio (2017), «Alimentación y dieta en la Qurtuba islámica». *Al-Mulk, anuario de estudios arabistas*, nº 15, p. 134.

l-Jayr, que decía que se recogiera la cantidad que se pudiera molturar ese día, pues al almacenar la aceituna apilada en los atrojes durante días, se va perdiendo calidad. Práctica importante para la calidad del aceite y que hoy se lleva a cabo por la mayoría de los agricultores. También recomendaba que la aceituna se recogiera a mano «no con la vara, pues con esta se estropean y despedazan las aceitunas».[73]

En el sistema de extracción por prensado se busca la mayor cantidad, que se consigue con una molturación mecánica que machaca la pulpa y el hueso, y el posterior prensado mecánico con la monumental viga, que podía medir hasta quince metros, y el tornillo, que servía para aumentar la presión sobre la pasta molturada y colocada en capas separadas con capachos de esparto.

Imagen 7. Almazara La Erilla, en Nigüelas (Granada), con sus imponentes vigas y tornillos para el prensado. Quizás, la almazara de origen andalusí mejor conservada, y que hoy es visitable para el turismo.

73 Abu l-Jayr, *Tratado de agricultura*. Introducción, edición, traducción e índices por Julia Mª Carabaza. Agencia Española de Cooperación Internacional. Madrid 1991, p. 309.

Aunque los dos últimos tipos de aceite mencionados también se obtenían mediante prensado mecánico, había una gran diferencia de calidad entre *zayt al-ma'sara* (aceite de prensa) y *zayt matbuh* (aceite cocido) ya que el primero se obtenía mediante prensado en frío, dando lo que hoy calificamos como aceite de oliva virgen extra y virgen, según se obtuviera de un primer o segundo prensado; y el segundo se obtenía volviendo a molturar la pasta ya exprimida y seca (el orujo) y volviéndola a prensar escaldándola con agua caliente. Este aceite de peor calidad, el *zayt matbuh* (aceite de orujo) se utilizaba preferentemente para el alumbrado público.

También se hacía distinción entre aceites según el momento de recolección de la aceituna. Lo habitual era que se recogiera en el momento de su maduración óptima, cuando la aceituna cogía su color negro, que era normalmente en enero. Ese era el aceite de uso común. Además, se obtenía otro aceite de aceitunas que habían empezado a ennegrecer, por lo que tenían un color entreverado entre verde y morado, y que los romanos le daban el nombre de *oleum viride* (aceite verde). Este aceite era considerado el de mejor calidad, extraído de las aceitunas que se recogían antes de su completa maduración. Curiosamente, la industria del aceite está volviendo a molturar aceite de aceitunas que no han llegado a su punto de maduración pero al que se le está considerando como un aceite de excelente calidad por sus aromas y sabores excepcionales.

Había otro aceite que los andalusíes denominaban como *zayt unfaq* o aceite onfacino, del que ya alababa sus virtudes Isidoro de Sevilla, que se extraía de aceitunas completamente verdes y que era utilizado preferentemente para usos medicinales.

Así mismo, la variedad de la aceituna influía en la calidad del aceite. Los notarios andalusíes insistían en que «es indispensable mencionar de qué tipo de aceituna se ha extraído el aceite, ya que este varía con la clase de la que procede».[74]

74 Frase del notario cordobés Ibn al-Attar, citado por P. Chalmeta: *Aceites, almazaras y etimologías*, p. 67.

En aquella época se cultivaban variedades de olivos con nombres que podemos reconocer entre los que se cultivan actualmente. Son nombres que citan los agrónomos andalusíes y que en algunos casos vienen del romance latino como *mansanal* —del romance *mansanel*, actual variedad «manzanilla»—; la variedad *mulyan*, que se suele identificar con «mollar» pero que la arabista Expiración García Sánchez se inclina a pensar, por la descripción que hacen los textos de las características morfológicas del fruto, que se trata de la variedad «cornezuelo». El *warkat*, que podría ser alguna variedad del actual «gordal»; el *muqayr*, que por su fonética, según Expiración García, podría ser el «morcal».[75]

Pero había una variedad que se consideraba de agradable sabor y extraordinaria calidad, la lechín, que da una aceituna pequeña y que la industrialización y el productivismo actual ha ido arrinconando y descartando por ser poco «rentable». El nombre de lechín es un romancismo introducido en el árabe andalusí proveniente del nombre latino *licinia*. Este tipo de aceituna *licinia* era ya muy apreciada en la época romana.

El olivo lechín, que actualmente está en regresión y circunscrito a territorios montañosos como la Alpujarra y el Valle de Lecrín, en la época andalusí estaba mucho más extendido, y su aceite era considerado de máxima calidad, como vemos en un modelo de contrato notarial cordobés del siglo X: «Fulano, hijo de Fulano, entrega a Mengano, hijo de Mengano, venido de tal aldea, tantos dinares de *dirjemes*. [Mengano] los percibe de él a cambio de tantas arrobas de aceite de oliva lechín. [Se trata de la calidad llamada] aceite de agua, verde, de agradable sabor y extraordinaria calidad».[76] En otro modelo de contrato, del siglo XI, sobre «alquiler de almazara de aceitunas por aceite», vemos que el aceite que

75 Sobre este tema ver García Sánchez: Expiración (1996), «El consumo de aceite de oliva y otras grasas vegetales en al-Ándalus», en *La Mediterrània, àrea de convergència de sistemes alimentaris (segles V-XVIII) / XIV Jornades d'Estudis Històrics Locals*. Palma de Mallorca: Institut d'Estudis Baleàrics, pp. 15-38, p.17.

76 P. Chalmeta, *Aceites, almazaras y etimologías*, pp. 57-58.

se da como pago es, preferentemente, el de aceituna lechín: «[...} a cambio de tantas arrobas de aceite del agua, verde, decantado, puro, de agradable sabor, bueno e inmejorable, aceite de aceitunas lechín».[77]

Una de las zonas que mencionan los textos de la época como gran productora de aceite era el Aljarafe sevillano, donde «los olivares son espesos y entrelazan sus ramas. El aceite que proporcionan es de calidad superior, y las aceitunas son de un rendimiento considerable al prensarlas; este aceite no se altera por mucho tiempo que se le conserve; su exportación se hace a diversos países, por tierra o por mar».[78] En este texto vemos que, en la época andalusí, se seguía exportando aceite del valle del Guadalquivir, igual que se había hecho en la época romana.

Además del aceite de oliva, se elaboraban aceites extraídos de otros productos como el de semillas de sésamo o ajonjolí, de sabor más dulzón y muy apreciado en repostería, o de frutos secos, como la almendra, que se usaba también para la elaboración de dulces y con fines medicinales. Averroes recomendaba el aceite de almendra como el mejor para los ungüentos.[79]

LOS HUEVOS

Decía el médico sevillano Ibn Zuhr, conocido en el mundo cristiano como Avenzoar, que los huevos que más aprecia la gente son los de gallina. Igualmente, para el bromatólogo nazarí al-Arbulí, los mejores huevos son los de gallina, y hay que tomarlos frescos. Aunque esos eran los huevos más consumidos también se usaban en la cocina huevos de otras aves, especialmente los de perdiz, pato, pavo, ganso o paloma.

Para los médicos andalusíes, la forma más saludable y nutritiva de consumir los huevos era cociéndolos en agua, pero

77 P. Chalmeta, *Aceites, almazaras y etimologías,* p. 59.

78 Al-Himyari, p. 52.

79 Ver Díaz García, Amador, «Un tratado nazarí sobre los alimentos» (II), p. 24.

dejándolos a media cocción, ya sea con la cáscara o sin ella. Es decir, que la mejor forma de comer los huevos eran pasados por agua o escalfados. La misma opinión tenía el bromatólogo al-Arbulí: «Lo mejor que se puede hacer con los huevos es cascarlos en el agua y sacarlos de ella antes de que terminen de cuajarse, que es lo que se llama *nimarast* (huevo a medio escalfar), pues son más rápidos de digerir, contienen un buen alimento, aumentan la fuerza y son buenos para los convalecientes».[80]

Seguro que el consumo de huevos escalfados era muy habitual en la época pues, además de una forma sana y nutritiva, también era una manera sencilla y rápida de prepararlos. Esa sencillez no era óbice para que Ibn Razín incluyera su receta junto a platos sofisticados:

> Coges la cantidad de huevos que quieras. Luego coges una ollita con agua y sal y la pones al fuego hasta que hierva a borbotones. Coges los huevos uno a uno y los cascas en el agua. Cuando estén cuajados, pero no del todo, los sacas con una cuchara pequeña, con cuidado para que no se estropeen y se les salga la yema. Los vas poniendo en una fuente que tenga vinagre y aceite.[81]

La versatilidad del huevo en la cocina la vemos en los recetarios andalusíes. Ibn Razín le dedica un capítulo en el que recoge diferentes recetas en las que el huevo es el alimento principal. Pero además, son muchas las elaboraciones en las que se utiliza como ingrediente secundario o como adorno final de un plato. Las formas tradicionales y sencillas de consumir los huevos, que mantenían los andalusíes y que recogían en sus recetarios, eran cocidos, revueltos, rellenos, en tortilla o fritos. También se podían incorporar a un guiso para espesarlo, o se podía utilizar solo la clara o la yema.

Los cocidos podían ser muy cuajados (huevos duros) o solo pasados por agua:

---

80 «Un tratado nazarí...» (II), p. 37.

81 Ibn Razín, p. 254.

> Coges la cantidad de huevos que quieras y los pones en una olla solo con agua. Llevas la olla al fuego. Si quieres consumirlos ligeros, como bebida, los dejas que den un hervor, los sacas de la olla y los consumes con sal y pimienta. Si los quieres cuajados, los dejas cocer hasta que se va consumiendo el líquido y empiezan a sobresalir por encima del agua. Los sacas, los pelas y los consumes con pan, aliñándolos con sal y pimienta.[82]

Los huevos duros no eran muy aconsejables. Decía al-Arbulí que los huevos cocidos muy cuajados, son difíciles de digerir. Según Avenzoar, solo «son recomendables cuando el vientre está suelto».[83] A pesar de estas recomendaciones vemos en los recetarios andalusíes que la utilización del huevo duro era habitual, incorporándose en el plato como acompañamiento o adorno. De hecho, hay muchas recetas en las que se termina el plato adornándolo por encima con huevos duros partidos o con yemas solas que se colocan por encima adornando el plato. Incluso hay recetas de huevos duros rellenos muy semejantes a las que se han seguido haciendo tradicionalmente, y otras que tienen la particularidad de que el huevo duro relleno termina friéndose, una vez rebozado en harina:

> Se cuecen huevos, se les limpia la cáscara y se parten en dos, se les sacan las yemas y se reúnen en una fuente, se les echa encima cilantro verde, zumo de cebolla, especias y canela; se hará una pasta con la que se rellenen los huevos y se atan con hilo; se sujetan con un palo pequeño y se deshace algo de clara de los huevos y se engrasa con ello con un poco de azafrán y se reboza con harina fina; se fríe con aceite dulce a fuego suave.[84]

Los huevos rellenos rebozados y fritos se siguen haciendo en algunas localidades como en Lepe (Huelva), aunque en otras zonas, como en Aragón, se les conoce como «huevos tontos», pero su elaboración, que en su origen se hacía con el huevo duro, ha evolucionado a una masa de huevo bati-

82 *Ibidem*, p. 255.

83 Ibn Zuhr, p. 54.

84 Anónimo, p. 177; Ibn Razín, p. 253.

do mezclado con pan rallado, ajo y perejil; preparación que también se conoce en otras localidades como «tortillitas de pan».

Decía Avenzoar que «la gente prepara los huevos de muchas formas; unos los fríen, otros los ponen en caldo con sopas y cilantro y los cuecen, al horno o de otra manera. También hay quienes los mezclan con queso fresco y amasan esta pasta, la fríen y, después, la rocían con miel».[85] Esta última forma de cocinar los huevos era desaconsejable para el médico sevillano pues, para él, resultaba una comida nociva. Pero asegura que «peor es añadirle huevos al pescado y cocinarlos juntos, como hace la gente, pues esta comida resulta más perjudicial que el veneno».[86]

La gente, especialmente los trabajadores del campo que tenían necesidad de importantes aportaciones calóricas en el desayuno, comería huevos y pescados salados juntos, como se ha seguido haciendo en algunos pueblos como en el Padul (Granada), donde un desayuno típico son los huevos fritos con «espichás», que así se llaman allí a los arenques y sardinas en salazón.

Los huevos fritos eran desaconsejables para los médicos y dietistas andalusíes. Decía al-Arbulí que «los huevos fritos son malos y producen grasa». Pero a pesar de esas recomendaciones, comerse unos huevos fritos en aceite de oliva sería, como hoy, una sencilla delicia culinaria que tan buenos recuerdos le traían, durante su estancia en Túnez, al cadí y poeta nazarí del siglo XV Ibn al-Azraq: «daré rienda suelta a mi imaginación en estos versos, mientras las ideas se van aclarando con las lentejas [...] con huevos fritos en aceite refinado».[87]

La recomendación que hacía el bromatólogo nazarí al-Arbulí, de comerlos con pimienta, es la misma que recoge el murciano Ibn Razín en su receta de huevos fritos:

---

85 Ibn Zhur, p. 55.

86 *Ibidem.*

87 Citado por García Sánchez, Expiración (1980), *Ibn al-Azraq: Uryuza.* p. 153.

> Coges la cantidad de huevos que desees. Después coges una sartén estañada limpia y la pones al fuego con aceite en proporción. Cuando el aceite esté caliente, coges los huevos y los cascas de uno en uno en la sartén, echándoles sal y pimienta.[88]

Una forma más saludable de comer los huevos era hacerlos revueltos, solos o con alguna verdura, manera de prepararlos que ha perdurado en la gastronomía actual en platos como los revueltos de espárragos, o con otras verduras como los ajos tiernos, las collejas, o con setas como los gurumelos de la sierra de Huelva.

En algunas recetas, en las que se utilizan las verduras, se termina rompiendo o cascando huevos encima del guisado. Lo vemos en un plato de la época con carne mechada que se sofríe un poco con cebolla y sal; después de hervirla se le añaden «espárragos cortados, como las yemas de los dedos, después de hervidos a media cocción, se le cascan huevos y se sazona con cilantro cortado».[89] Esta técnica culinaria, la de cubrir el plato ya casi cocinado con huevos enteros cascados para que se cuajen encima, se sigue utilizando actualmente en platos en los que se mezclan varias verduras, como la alboronía o pisto, la sobrehúsa y en platos como los espárragos o las tagarninas *esparragás.*

El «encostrado» con huevos, una técnica culinaria típica andalusí

Junto al cuajado del huevo cascado sobre un plato cocinado, Ibn Razín también describe otra técnica de acabado del plato con la utilización de huevos batidos y especias, con el objeto de que quede una capa por encima del guiso para «encostrar» el alimento casi acabado. Esta técnica, hacer una costra encima del plato cocinado, era utilizada en los recetarios del siglo XIII en diferentes cocinados, como en algunos tipos de

88 Ibn Razín, p. 253.

89 Anónimo, p. 163.

sopas desmigadas de gallina o pichones y en algunos guisos de carne, con o sin verduras.

El elemento base para la encostradura era el huevo batido al que se le añaden especias, que pueden ser diferentes según la receta. Unas veces, el autor indica que se le añaden especias, sin especificar. Otras veces sí las especifica: «Se cogen los huevos suficientes para encostrar la olla y se cascan en una zafa, poniéndoles sal, pimienta, jengibre y canela. Se bate todo con la cuchara hasta que se mezcla y se le pone algo de azafrán disuelto para colorearlo».[90] En otras ocasiones se le añade a la mezcla migas de pan, que parece ser que era la forma más habitual de hacer el encostrado: «coges huevos y los bates con migas de pan y especias. Con esto encostras lo que está en la olla».[91] En otros casos se le añaden a los huevos y las especias zumo de cilantro o de menta, o queso rallado, y en alguna receta vemos que se le añaden frutos secos triturados: «Luego se cogen almendras y nueces peladas y machacadas, migas de pan rallado y pimienta, y se bate todo con seis huevos. Con esto se encostra lo que hay en la olla».[92] En las recetas más sofisticadas, además de los huevos batidos, se utilizaban yemas de huevo duro enteras para adornar por encima el encostrado.

Según Manuela Marín, la técnica del encostrado pasó pronto a los recetarios del norte cristiano.[93] De hecho vemos cómo, en posteriores fechas, en el recetario catalán conocido como *Llibre de Sent Soví* (siglo XIV) se especifica una forma de terminar un plato con huevos batidos con vinagre o agraz. En otro recetario de principios del siglo XVI, conocido como *Llibre del Coch*, en su versión castellana titulada *Libro de guisados* (1525) la volvemos a ver en unas recetas que el

90 Ibn Razín, p. 88.

91 *Ibidem*, p. 269.

92 *Ibidem*, p. 211.

93 Ver Manuela Marín, «Cazuela mojí y capirotada: idas y venidas de una técnica culinaria andalusí». En *Al-Andalus y la Historia, revista de divulgación histórica*. www.alandalusylahistoria.com fecha de publicación el 10-7-2020.

autor denomina con nombres de clara ascendencia andalusí: «berenjenas a la morisca» o «cazuela mojí»:

> Batir unos huevos con pimienta y azafrán y clavos, y del mismo pan tostado que lleva dentro la cazuela y de queso rallado; y hacerlo espeso y asentarlo encima a manera de haz y ponerle sus yemas y cuajarlo en el horno con una cuajadera, que es cobertera de hierro con brasa encima.[94]

La técnica del encostrado se sigue utilizando en las mesas de la alta sociedad del mundo cristiano en los siglos XVII y XVIII. En los recetarios de la sociedad cristiana peninsular esta técnica se conocía como «encostradura» o como «cazuela cuajada». A principios del siglo XVII esta técnica viene en un recetario conocido como *Libro del arte de cozina* (1607) del cocinero salmantino Domingo Hernández de Maceras, donde detalla «como se ha de hazer una caçuela quajada». Explica el autor que, una vez guisada la cazuela de carne y verduras, «se han de batir los huevos muy bien, y echarlos por encima de la carne, y no se ha de menear con los huevos, sino taparla con una tapadera, y echar un poco de lumbre debajo la cazuela, y sobre la tapadera hasta que se cuajen los huevos».[95]

Este tipo de cazuela, calificada como «mojí», y que el *Tesoro de la lengua* de Covarrubias explica cómo «cierto género de cazuela, de que usaban los moros», debió ser también del agrado de la realeza cristiana, ya que el que fuera cocinero de Felipe III y Felipe IV, Francisco Martínez Montiño, recoge entre sus recetas una «cazuela mogí» hecha con berenjenas, como la de la Lozana andaluza, en la que se utiliza la técnica de la encostradura en el horno con huevos batidos.

Por lo tanto, esta forma de cuajar o encostrar poniendo ascuas por debajo de la olla y encima de la tapadera o cuajadera, que ya se aplicaba en algunas recetas andalusíes del

94 Ruperto de Nola, *Libro de guisados, manjares y potajes intitulado libro de cocina*. Edición de Toledo de 1525.

95 Domingo Hernández de Maceras: *Libro del arte de cozina*. Salamanca 1607, p. 14.

siglo XIII, ha pervivido después del siglo XV, no solo por su pronta incorporación a los recetarios cristianos, sino por su pervivencia entre la población morisca que siguió utilizándola, tal y como vemos en la literatura del Siglo de Oro cuando hace referencia a lo que comían los moriscos.

El término «mojí», proveniente del árabe andalusí *muhshí* (relleno) es un arabismo utilizado en los recetarios medievales cristianos, donde se suele identificar con «cazuelas cuajadas»; y en la literatura del siglo de oro; donde unas veces se le denomina «cazuela mojí», como en algunas novelas de Cervantes, o como «cazuela de berenjenas mojíes», en la Lozana andaluza.

Este término apenas ha pervivido en la actualidad. El diccionario de la RAE (1991) recoge la acepción de cazuela mojí o mojina como «torta cuajada, hecha en cazuela con queso, pan rallado, berenjenas, miel y otras cosas». En el Anónimo vemos unas recetas que vienen a coincidir aproximadamente con la definición de la RAE. Una de ellas es la que denomina como «hechura de *muhsí* (relleno) con berenjenas y queso»,[96] aunque igualmente se hacían versiones de esta receta con carne de aves o de cordero.[97]

Referente a este nombre, hoy encontramos una versión dulce que se hace en Almuñécar (Granada) con el nombre de «cazuela mohina» en el que una masa compuesta por una mezcla de pan empapado en leche, a la que se le añade azúcar, huevos, miel, almendras y especias como clavo, canela y matalahúva o anís verde, termina cuajándose en el horno con unas almendras enteras crudas y un poco de sésamo o ajonjolí por encima. Esta «cazuela mohina» de Almuñécar, como plato dulce, está más cerca de una receta de Ibn Razín con el nombre de «sopa desmigada con leche fresca cocida en el horno»[98] que de la versión más habitual de cazuela mojí que se hacía con berenjenas o con otras verduras.

96 Anónimo, p. 211.

97 Anónimo, p. 81.

98 Ibn Razín, p. 95.

Imagen 8. Cazuela mohina elaborada en la pastelería Mari Trini de Almuñécar (Granada).

Relacionado con esta técnica hoy podemos encontrar el nombre de un plato típico andaluz, la sobrehúsa (del latín *superfusa,* derramada por encima, y que, en muchas zonas de Andalucía, se pronuncia con la *h* aspirada en recuerdo de esa *f* latina). En su origen, la sobrehúsa estaba relacionada con la técnica del encostrado de la cazuela mojí, tal y como la definía Sebastián de Covarrubias en su *Tesoro de la lengua castellana* (1611), a la que calificaba como un guisado «que se hace de ajos, azeyte y queso y huevos, yervas y otras cosas; la cual se echa encima de otro guisado, que va debajo; y porque lo cubre a modo de capirote, se dijo capirotada. Es manjar de gente rústica, aunque los cortesanos la comen con otra temperatura, sin la acrimonia del ajo, ni la pesadumbre del queso».[99]

Sin embargo, en este plato, como en otros, la variabilidad en su elaboración le ha hecho evolucionar, separándose de su sentido original y diferenciándose en su confección

99 Citado por Manuela Marín en «Cazuela mojí y capirotada…».

de unos lugares a otros o de unos cocineros a otros. Todavía, en algunas elaboraciones de este plato que se hace en la subbética cordobesa o en zonas de Granada, queda la costumbre de derramar por encima, en el guiso de habas, un huevo batido.

Una forma muy habitual de consumir los huevos en la época andalusí era en tortilla. Lógicamente, entonces no se hacían las apreciadísimas tortillas de patatas, pero sí eran muy estimadas las tortillas de berenjenas:

> Se cuecen las berenjenas peladas con agua y sal hasta que estén en sazón, se sacan de su agua y se amasan en una fuente con migas de pan rallado, huevos, pimienta, cilantro, canela, algo de almorí macerado y aceite; se bate todo hasta que se iguale la mezcla, luego se fríe una torta delgada, según lo expuesto sobre la hechura de la isfiriya.[100]

El nombre de *isfiriya* se aplicaba en el Occidente islámico a las tortas o tortillas con huevo. También se utilizaba el nombre de *ahrash*, habitual en el Oriente pero que en Occidente se solía aplicar más a las tortas o tortillas de carne y pescado, con o sin huevo:

> Su secreto está en que se le añada algo de harina candeal, que es la que junta unas partes con otras, hasta hacer un pan delgado.[101]

Por la descripción que vemos en los recetarios de algunas clases de *isfiriya* y de *ahrash*, hechas con carne y grasa, creemos que se asemejarían a lo que hoy se conoce como hamburguesa:

> Si quieres hacerlo con sebo, coges sebo fresco bueno, en cantidad equivalente a la mitad de la carne. Lo picas lo más fino que puedas y lo pones con la carne en una artesa, mezclándolos muy bien. Después coges una sartén, dándoles la vuelta con cuidado para que se hagan bien y se doren.[102]

---

100 Anónimo, p. 213.

101 *Ibidem*, p. 53.

102 Ibn Razín, p. 194.

El médico Avenzoar aseguraba que la tortilla es la mejor forma de preparar los huevos, y nos da la receta de una, solo de huevos, a los que se les añade un poco de aceite, vinagre y salmuera.[103]

El murciano Ibn Razín, entre las diferentes formas de hacer la tortilla, también recoge la más básica, que emplea como acompañante dentro de una receta de sopa desmigada con pichones:

> Se pone al fuego una cazuela de hierro o de barro vidriado con aceite, y cuando el aceite está caliente, rompes seis huevos y los bates con sal de modo que las yemas y las claras se mezclen. Se fríe esto en la cazuela hasta que esté dorado por ambos lados.[104]

A este tipo de tortilla de huevos, a la que se le podían añadir algunas especias, el Anónimo la denominaba como *isfiriya* sencilla. En las recetas más sofisticadas era habitual que la *isfiriya* se utilizara, entera o troceada, como ingrediente dentro de otros platos, como hemos visto en la receta anterior y en otra del Anónimo, a la que califica como «plato extraordinario en el que hay *isfiriya* de huevos».[105]

En una receta de sopa desmigada con leche fresca, cocida en el horno, se utiliza el huevo para elaborar lo que podríamos calificar como un pudin sin azúcar:

> Después se coge un jarrito y medio de leche fresca y se bate con ocho huevos y un poco de harina. Esto se cuece sobre un fuego moderado.[106]

Otra forma de utilizar los huevos en la cocina andalusí era incorporándolos a un cocido para que este espesara. Esta técnica se utiliza en varios tipos de guisos, como en uno que el Anónimo denomina «hechura de verdura a lo Ziryab», en recuerdo del famoso personaje oriental llegado a la corte

---

103 Ibn Zhur, p. 55.

104 Ibn Razín, p. 94.

105 Anónimo, p. 229, p. 160.

106 Ibn Razín, p. 95.

emiral cordobesa. En este caso, el guiso de carne con coliflor —que esa es la receta—, se termina espesando con un trozo de carne roja machacada que «se bate en la fuente con huevos y pan escogido, almendras, pimienta, cilantro y alcaravea; se espesa con ello la olla poco a poco y se deja en el rescoldo hasta que se seque su salsa».[107]

Como advertimos, el huevo es un ingrediente omnipresente en multitud de elaboraciones culinarias. Entre estas no nos podemos olvidar de varias elaboraciones de la repostería andalusí, que recogemos en otro capítulo; de los rellenos de embutidos a los que se les incorpora huevo; o de la utilización de este para rebozar algunas verduras haciendo unas gachas de harina, huevo y especias, en donde vemos lo que hoy sería el rebozado de la tempura. Así mismo, Avenzoar recoge la utilización del huevo como cosmético: «Si se casca un huevo crudo y se aplica sobre el cuerpo, le proporciona lisura y belleza».[108]

EL PESCADO

El consumo de pescado en al-Ándalus ya venía de una tradición muy antigua. Algunas pinturas rupestres como las de la cueva de la Pileta (Málaga) ya representaban peces. En la época romana eran habituales las factorías de salazones. En la época andalusí se siguió con la tradición pesquera anterior, destacando algunos autores de ese tiempo la riqueza pesquera del litoral marítimo y de los ríos de al-Ándalus.

Aunque los recetarios dedican más atención a la carne que al pescado, se puede constatar que, especialmente en las costas, se consumía bastante pescado, si hacemos caso a algunos autores de la época como el geógrafo ceutí, de origen malagueño, al-Idrisí, que resaltaba en su *Geografía* la abundancia de pescado en algunas localidades costeras como Almuñecar donde «se pescan allí muchos pescados»,

107 Anónimo, p. 203.

108 Ibn Zhur, p. 54.

o *Bizilyana* (en la localidad actual de Rincón de la Victoria) «situado en una llanura arenosa, provisto de baños, de posadas y de almadrabas, por medio de las cuales se coge mucha pesca que se expide a los países inmediatos»;[109] o al almeriense del siglo XIV Ibn Játima que nos dice que «el pescado es el alimento habitual de los habitantes de Almería».[110]

En los zocos de las ciudades costeras era habitual la venta de pescado. En el tratado de *Hisba* (tratado sobre el buen gobierno del zoco) de una ciudad costera como Málaga se alerta de que los pescaderos deben vender el pescado fresco del día aparte del que había quedado del día anterior. Esta separación entre pescado fresco del día y el de la víspera también debía hacerse con los pescados fritos o guisados que se ponían a la venta para que el comprador supiera en cada momento la calidad del pescado que compraba. Lógicamente también era habitual la venta de salazones de pescado en los zocos que no estaban sujetos a esa norma.[111]

El pescado en salazón era el que solía venderse más en las localidades del interior pues solamente las que tenían cerca ríos o lagos disponían de pescado fresco. Se sabe que en la ciudad de Córdoba, en época califal, se consumía gran cantidad de pescado fresco y salado. Ibn Galib, en su descripción de la capital califal decía que todos los días se vendía pescado salado y fresco por un valor de 20.000 dinares.[112]

El arabista almeriense Amador Díaz García, que ha traducido y comentado el tratado sobre los alimentos del bromatólogo nazarí al-Arbulí, comenta en su trabajo que «hay cierta confusión en los nombres de los diversos peces citados por al-Arbūli y en general por los autores árabes, ya que la misma especie recibía nombres distintos en Oriente y en Occidente».[113]

109 Al-Idrisí, p. 191.

110 Citado por Jorge Lirola Delgado (2022), *Almería, base naval, económica y cultural de al-Ándalus*. Fundación Ibn Tufayl de Estudios Árabes, Almería, p. 63.

111 Al-Saqatí, p. 112.

112 Citado por Lucíe Bolens, p. 41.

113 Díaz García, Amador. «Un tratado nazarí sobre alimentos» (II) p. 27.

A pesar de ello, trata de identificar los principales peces que se consumían en al-Ándalus. Al-Arbulí distingue entre los peces de agua dulce y los de mar. Incluso habla de los peces que son de mar, pero que remontan los ríos para desovar. Entre estos últimos estarían el sábalo y el mújol. Para Averroes, ambos pescados, y por este orden, son los más apreciados, sobre todo cuando se pescan en los ríos, lejos de la desembocadura.[114]

El nazarí también habla de otros pescados, que siguen consumiéndose en la actualidad, como el pargo, la pintarroja, el salmón, el salmonete, el jurel, la sardina, la caballa, la melva, la lisa, la japuta o palometa, las anguilas y la boga. De la boga decía al-Arbulí que «si está fresca es la mejor de las especies de pescado y de alimento más estimable, más rápida en digerir y de menor viscosidad. Hay que cocerla con mucho aceite y adobarla con especias y almori».[115]

Sin embargo, este autor nazarí no menciona a un pescado como el atún (del árabe andalusí *al-tunn*) que era muy abundante en el Estrecho y que se pescaba con arpón o en las almadrabas, ya desde la Antigüedad. Sabemos del aprecio culinario de este pescado por las diferentes recetas que nos ofrece Ibn Razín, tanto de atún fresco como seco (mojama). Se podía hacer guisado, al horno, en espetón o frito. En algunos casos, una vez troceado, se le daba un pequeño hervor antes de freírlo y aliñarlo. En otros casos se adobaba antes de cocinarlo como era el caso de esta receta:

> Coges un atún fresco, que sea pequeño —si te es posible—. Lo abres por el lomo y le sacas la espina. Lo pones en un lebrillo grande cubierto con vinagre, cominos molidos y ajos majados y lo dejas así una noche. A la mañana siguiente lo sacas, lo lavas y lo partes en pedazos medianos. Luego coges una cazuela vidriada y le pones sal, pimienta, cilantro seco, cominos, azafrán, almorí y vinagre. Remueves todo para que se mezcle. Después coges los pedazos de atún, uno por uno, y los pones en la cazuela restregándolos con las manos en el caldo para que cojan el sabor de las especias. Después los colocas en la cazuela y

---

114 Citado por Díaz García, Amador. «Un tratado nazarí sobre alimentos» (II) p. 27.

115 *Ibidem.*

> les pones mucho aceite, ciruelas ácidas o manzanas ácidas, hojas de cidro y dientes de ajo. Lo envías al horno y, cuando las ciruelas están hechas del todo, lo sacas y lo consumes.[116]

También parece que no se menciona en los textos andalusíes un pescado como el bacalao o abadejo (especie algo diferente al actual bacalao de los mares del norte), muy dado a su conservación en salazón y muy mentado en épocas posteriores como un alimento muy socorrido para las clases humildes y apropiado para ser consumido en las fechas de abstinencia, cuando la iglesia prohibía comer carne. Posiblemente fuera por esta razón, la de ser un pescado poco apreciado por las élites, y por recibir diferentes nombres, por lo que no apareciera en los textos andalusíes, a no ser que fuera uno de esos nombres que no se acaban de identificar con exactitud en los textos. Esa diferencia al nombrar al bacalao la resalta Miguel de Cervantes en el *Quijote*:

> A dicha, acertó a ser vienes aquel día, y no había en toda la venta sino unas raciones de un pescado que en Castilla llaman abadejo, y en Andalucía bacalao, y en otras partes curadillo, y en otras truchuela.[117]

Entre los pescados pequeños, el más consumido era la sardina (de *sardín,* que era otro de los romancismo de origen latino incorporados al árabe andalusí). Las sardinas las cocinaban de diferentes maneras. Una de las más habituales eran asadas sobre las brasas, aunque también hay recetas de sardinas en cazuela o al horno, con diferentes aditamentos, o en escabeche.

Entre los crustáceos, parece que los más apreciados eran los que se conocían con el nombre genérico de *qamarón.*[118]

---

116 Ibn Razín, pp. 249 y 250.

117 Citado por Laborda Castellote, José Manuel, *Hábitos alimentarios de los siglos XVI y XVII a través de la obra de Cervantes: Relación con la mori-mortalidad de la época.* Tesis doctoral 2015. Universidad de Alcalá. Pag-164.

118 El arabista almeriense Amador Díaz García nos dice que *Qamarun* o *qamaron* es un romancismo del latín cammarus y ese nombre se daba a varias especies de crustáceos además del camarón, entre ellos la gamba y la quisquilla («Un tratado nazarí sobre alimentos...» (II) p. 31).

Avenzoar también resalta el consumo de los cangrejos de río y de mar. Igualmente era habitual el consumo de las huevas de pescado. Decía Avenzoar que eran muy sabrosas y que «la gente las prepara cocidas, fritas o de otras muchas formas, por ejemplo, cocidas al rescoldo con vinagre o guisadas con aceite y sin agua».[119] El Anónimo recoge una receta de huevas de pescado grande que se cortan y se mezclan con especias y huevos batidos. Primero se mete en el horno y una vez que está en su punto «se saca y se deja que se enfríe; se corta en pedazos y se le corta encima ruda o menta y se fríe en la sartén con aceite; luego se mete en salsa de vinagre y aceite, y se hace también dorado con cebolla y aceite en el horno».[120]

Además de constatar que la mayoría de los pescados que consumían los andalusíes son los mismos que se han seguido consumiendo después, en la forma de cocinarlos también vemos esa continuidad.

La forma más habitual en al-Ándalus era comer el pescado frito, en aceite de oliva. Así lo atestiguaba el médico sevillano Avenzoar que decía que «la gente suele preparar el pescado frito con aceite»,[121] pero para él esa no es una forma aconsejable porque todas las frituras son dañinas, si no que la mejor forma de preparar el pescado es guisado en cazuela: «Se escalda en agua caliente, a continuación se pone en una cazuela de arcilla o de loza vidriada con un poco de aceite. Cuando ya esté cocido, se deja a fuego lento y se le añade un caldo preparado con vinagre y jengibre».[122] Esa era la misma opinión del bromatólogo nazarí al-Arbulí que añade en un comentario sobre la mejor manera de cocinar los pescados una idea muy propia de la cocina andalusí: «si se ponen en el caldo sopas de pan desmenuzado, mejora su contextura».[123]

Lo de añadir pan a la cazuela de pescado es una práctica que ha quedado en algunas recetas populares como en el

119 Ibn Zhur, p. 67.

120 Anónimo, p. 223.

121 Ibn Zhur, p. 66.

122 *Ibidem.*

123 «Un tratado nazarí sobre alimentos...» (II) p. 32.

«mojillo» de boquerones de la localidad granadina de Algarinejo o en las sopas de boquerones en amarillo de Málaga.

El pescado más apropiado para preparar en guiso era el de mayor tamaño. Ese era el caso del sábalo y el esturión que, según explica el autor del recetario anónimo «se hace el pescado cubierto en la olla al horno en vez de la sartén, como lo hace la gente de Córdoba y de Sevilla».[124] Aunque lo más habitual para hacer las cazuelas de pescado era la utilización de los de mayor tamaño, también encontramos recetas en las que se usan los más pequeños. En alguna se explicita que se utiliza la sardina, en otros casos se utiliza el término de «pescados parecidos» a la sardina, o «pescado pequeño». Hemos de suponer que entre esos pescados pequeños o pescados parecidos a la sardina estaría el boquerón, muy apreciado en la costa andaluza.

Guisos de pescados pequeños han seguido haciéndose, y algunos nos han llegado como el que se hace en la localidad malagueña de Archidona con el sugestivo nombre de «cazuela moruna» de boquerones, o el que se hacía en la Alpujarra con el nombre de «cazuela morisca» y que se ha conservado su receta en un manuscrito de finales del siglo XIX: «En aceite, se marea un poco cebolla, un ajo y perejil. Y después se tuesta una miga de pan, se saca y se echa un poco de pimiento molido, y se le pone el pescado frito. Todo junto se marea, se muele la miga de pan con especias y se bate con el caldo una chorrada de agrio de limón, y se aparta al quedarse en salsa».[125] Muy parecido es el ya mencionado guiso de boquerones en «mojillo» de Algarinejo (Granada).

Había otras formas de preparar el pescado, como era el caso de los escabechados. Para ello se usaban, sobre todo, los pequeños peces, calificados por al-Arbulí, en general, como morralla. En otras recetas vemos la preparación del pescado a la sal:

---

124 Anónimo, p. 217.

125 Recetario recogido por Ribot i Martín, Domènec, y García Reinoso, José (2019), *La cocina de la Alpujarra. Basada en un recetario del siglo XIX escrito por Nicolasa Montero García y Francisco Martín Martín*. Almuzara, p. 35.

> Si quieres asar el sábalo y otros pescados parecidos, coges una teja nueva y la cubres con sal. Después pones el pescado y lo cubres también con sal. Lo metes en el horno y, cuando veas que la sal está solidificada o empieza a estarlo, sacas la teja y quitas la sal del pescado.[126]

Otra manera de cocinar el pescado era asándolo en espetón. En la receta que da Ibn Razín se usan pescados gruesos que se trocean y se insertan en un espetón de hierro «con fuego cerca, a los lados, poniendo un extremo del espetón sobre una piedra para que esté elevado sobre el suelo. Le das vueltas con la mano y untas los pedazos de pescado con la pluma hasta que estén hechos y dorados».[127] Con la pluma, lo que se unta es una salsa de sal, almorí, aceite, pimienta, canela, ajos majados y jengibre. Aquí vemos que se podían hacer pinchitos también de pescado. Avenzoar decía que el pescado asado en forma de pinchitos era saludable.[128] Así mismo aparecen en los recetarios andalusíes otras formas de cocinar el pescado en empanadas, albóndigas y tortitas.

Los caracoles terrestres, considerados moluscos, eran muy apreciados en la época andalusí, al igual que lo habían sido en épocas anteriores y lo siguen siendo en la cocina peninsular y francesa. Ibn Razín recoge una receta para prepararlos, que sería la más básica, ya que se hervían con sal y algunas plantas aromatizantes como hojas de cidro y menta.[129]

LA CARNE

Las carnes más consumidas por los andalusíes eran las de cuadrúpedos como las ovejas, cabras, vacas y conejos; y las de ave, especialmente las gallinas de corral. Encontramos en la dieta andalusí una cierta importancia de la carne de caza, tanto de cuadrúpedos, como las liebres o ciervos, como la

126 Ibn Razín, p. 241.

127 Ibn Razín, p. 240.

128 Ibn Zhur, p. 66.

129 Ibn Razín, p. 307.

de aves, especialmente la perdiz. Debía ser muy considerable la actividad cinegética de los andalusíes ya que los restos de animales de caza que han aparecido en las excavaciones arqueológicas así lo atestiguan,[130] a la vez que aparece el empleo de este tipo de carne con bastante frecuencia en los recetarios.

Por las normas que regulaban el funcionamiento de los zocos sabemos que era obligatorio que cada carne se vendiera «en tiendas distintas, claramente diferenciadas unas de otras».[131] Esto se hacía para evitar los fraudes que pudieran cometer los carniceros al querer hacer pasar un tipo de carne de un animal, como la cabra, que era más económica, por otra que podía tener precios más elevados, como el cordero. También se debían vender los despojos o casquería aparte de la carne, ya que la casquería era mucho más económica, aunque era más nutritiva y, por eso, muy consumida a nivel popular.

Para los andalusíes, la mejor carne era la de cordero, sobre todo la del animal joven, de alrededor de un año, que para Avenzoar era mejor prepararlo asado, ya sea en brochetas o al horno. Para al-Arbulí también «la mejor carne de ganado es la de cordero añal, de un año cumplido».[132] A ella le seguiría, según Avenzoar, «la de las ovejas medianas, es decir, ni muy pequeñas ni tampoco viejas y de gran tamaño, sobre todo sin son machos».[133] Este médico decía que era la más apreciada por la gente; aunque no estaría al alcance económico de todos, por eso también se consumía carne de borrego de más edad.

La mayoría de la población la consumía en determinadas fiestas, sobre todo en la del sacrificio, que se convertía en una fiesta familiar. Le seguía en segundo lugar la de cabra,

---

130 Sobre este tema ver: Vaquerizo Gil, Desiderio (2017). «La alimentación en al-Ándalus a partir del registro arqueofaunístico. Estado de la cuestión». *LVCENTVUM*, XXXVI, 2017, 341-358.

131 Al-Saqatí, p. 111.

132 «Un tratado nazarí sobre alimentos...» (II) p. 5.

133 Ibn Zhur, p. 55.

que además de servir como suministradora de leche para las familias más humildes, también se dedicaban los machos, sobre todo los jóvenes, para consumo de carne. Otra carne habitual, aunque en menor proporción que las anteriores, era la de vacuno, especialmente la ternera.

La arabista María Jesús Rubiera Mata, que ha estudiado la dieta andalusí transmitida por el poeta Ibn Quzmán a través de sus poesías, ve un paralelismo entre la función del cordero en la fiesta musulmana del sacrificio y la función del cerdo en la fiesta de la matanza.[134] Tanto en una como en otra, la matanza del animal constituye un acontecimiento social y familiar. En los dos casos el animal se aprovecha completamente. Además de consumir ese día parte de la res, otra parte se conserva en embutidos, en cecina o en manteca.

Nosotros también vemos un paralelismo ritual en la forma de matar y desangrar los dos animales, un ritual que se ha mantenido hasta hace poco en las zonas rurales. El buen musulmán solo podía comer carne que hubiera sido degollada adecuadamente según el rito musulmán. El matarife debía estar purificado y el animal debía morir desangrado. El degüello era una forma de matar al animal, rito que seguían practicando los moriscos, a pesar de las recomendaciones de las autoridades,[135] porque el control de esta práctica era muy complicado, y más en las pequeñas localidades donde la gran mayoría de la población era morisca.

Puede parecer paradójico que un rito musulmán se hubiera perpetuado en el de la muerte de un animal como el cerdo, que para los musulmanes andalusíes era «marrano» (del

134 «Decimos que nos parece importante porque el carnero de la Pascua musulmana parece estar haciendo la misma función que el cerdo de los cristianos, al ser utilizado en su totalidad y conservar su carne en fiambre». Rubiera Mata, Mª Jesús, *La dieta de Ibn Quzmán. Notas sobre la alimentación andalusí a través de su literatura*. Agencia española de cooperación internacional, 1994, p. 132)

135 «Que el tiempo de los Reyes Católicos [...] fue por ellos mandado que los dichos nuevamente convertidos no degollasen la carne e que la matasen como la mataban los cristianos viejos». *Los moriscos del Reino de Granada según el Sínodo de Guadix (1554)*. Documento de 1523, Anexo XXV.

dialecto árabe andalusí *mahrán*, «cosa prohibida»). Se puede entender como una reacción exacerbada de una comunidad que, para defenderse, practicaba la *taqiya*, o el disimulo, y quería aparentar su cristianismo de una manera exagerada para dejar de ser sospechoso de mal cristiano. Es en ese contexto donde se puede entender la sustitución, en la fiesta de la matanza, del cordero o el cabrito, por el cerdo; la recogida de la sangre y su ingestión posterior, preferentemente frita o como componente de un embutido como la morcilla; o la exposición pública, en balcones y fachadas de las casas, de ese mismo embutido, como muestra de que en esa casa no eran musulmanes. Esas manifestaciones exacerbadas de declaración pública de no ser musulmán, fruto de esas prácticas disimuladoras, han seguido realizándose como tradición en una sociedad que, con el transcurso del tiempo, ya ha ido perdiendo esa conciencia con la que se hacía al principio.

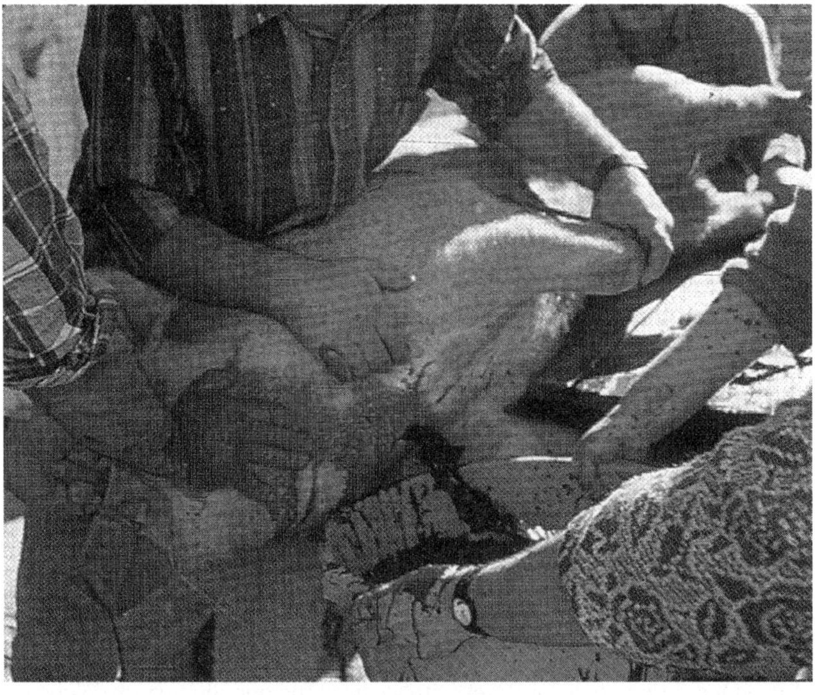

Imagen 9. El desangrado del animal era parte fundamental del rito musulmán, rito que ha persistido en la matanza del cerdo.

Al-Arbulí, al igual que Averroes y Avenzoar, menciona otras carnes, también habituales entre los andalusíes, entre ellas la de ternera, más apetitosa que la de vaca adulta, que recomienda para los que hacen trabajos pesados. Por el contrario, para los que hacen poco ejercicio, recomienda la carne de choto y la de gallina: «Las mejores carnes de aves para el cuerpo humano, especialmente para aquellos que hacen poco ejercicio, son las carnes de gallina, y entre las carnes de res, la de choto. Ya he referido, y lo dijo también Averroes, que las carnes de gallina tienen una asombrosa propiedad para equilibrar la complexión. Dice Averroes que el caldo de gallina cura a los leprosos, y que las sesadas aumentan la sustancia cerebral y mejoran el entendimiento».[136] Para Avenzoar «la carne de choto alimenta equilibradamente. Es muy nutritiva y, en cierta medida, afrodisíaca, sobre todo si se cocina con nabos o se añade a los platos que llevan garbanzos».[137]

Averroes recomendaba que la carne de los machos fuera de animal castrado. La tradición popular ha visto cómo la carne de animal castrado sabe y huele mejor que la del no castrado.

Junto a la gallina, la carne de ave, tanto de corral como silvestre, era bastante consumida en esa época. Averroes consideraba la perdiz como la carne más apropiada para las personas, junto con la de gallina joven. El viajero alemán J. Münzer destacaba la cantidad de perdices que veía por los montes del Reino de Granada: «Es también tierra de muchas perdices, que son por allí de crecido tamaño y tienen rojos el pico y las patas; cuatro o seis bandos levantamos en una hora cuando cabalgábamos de Vera a Almería».[138]

Pero no sólo se consumían esas carnes de aves más habituales, sino que se echaba mano de otras como la oca, la paloma común, los pichones, la codorniz, y los pajarillos, especialmente gorriones y zorzales.

---

136 «Un tratado nazarí sobre alimentos...» (II), p.. 9-10.

137 Ibn Zhur, p. 56.

138 Münzer, «Viaje por España y Portugal...», p. 93.

La carne de cerdo estaba prohibida a los musulmanes; al principio, por motivos sanitarios, convirtiéndose, al igual que en el judaísmo, en una de las características gastronómicas diferenciales de estas religiones, llegando a constituir, en el caso del islam, un claro marcador diferencial religioso.

A pesar de su prohibición existía un cierto consumo de carne de cerdo entre la población cristiana que convivía con la musulmana. Así lo podemos deducir de un capítulo del *Tratado de Agricultura*, del toledano del siglo XI, Ibn Wafid,[139] que lo dedica a la cría del cerdo; o de la cantidad de restos de cerdos y jabalíes encontrados en una excavación efectuada en las ruinas de Cercadilla, en la ciudad de Córdoba, correspondientes a un barrio habitado por cristianos y que los autores de esta excavación sitúan en el siglo XII.[140]

Podemos hacernos una idea de la importancia del consumo de carne en la dieta andalusí por incluirla en muchos de los guisos de los dos recetarios que conocemos. Más de un tercio de las que contiene el libro de Ibn Razín llevan carne. Entre los guisos de carne más apreciados por los andalusíes estaban los *tafaya*, los *muthallath* y los *baqliyyat*.

Así mismo podemos ver la importancia del consumo de carne en al-Ándalus en el testimonio de un escritor del siglo XII, nacido en Granada, y que en su afán de adular la grandeza de la capital cordobesa en su época más esplendorosa, cuando era capital califal, contaba, creemos que de manera exagerada, que en Córdoba cada día se consumían 13.000 libras de carne. Narraba también *Ibn Galib*, que así se llamaba el escritor, que en los días de mercado podían llegar a entrar en la ciudad, en sus días de apogeo, entre 70.000 y 100.000 cabezas de ganado menor.[141]

139 Citado en García Sànchez, Expiración, «La alimentación en la Andalucía islámica» (II), p. 246.

140 García García, M., Moreno García, M., Fuertes Santos, M. del C. e Hidalgo Prieto, R. (2021). «Por sus basuras los reconoceréis: La identificación arqueozoológica de una comunidad dimmí cristiana en la Qurtuba tardoandalusí (Cercadilla, siglo XII)». *Arqueología y Territorio Medieval*, 28.

141 J. Vallvé, *La descripción de Córdoba de Ibn Galib*, citado por Lucie Bolens, *La cocina andaluza, un arte de vivir. Siglos XI-XIII*, EDAF, Madrid 1992, p. 41.

Como hemos comentado antes, en la gastronomía andalusí era habitual el consumo de la casquería, sobre todo entre la gente humilde. En los zocos era muy popular el pinchito elaborado con trozos de despojos, principalmente de cordero. En los recetarios vienen varios platos en los que se utilizan diferentes despojos. Algunos de ellos están destinados a la población más humilde, como uno que el Anónimo denomina «guiso de los esclavos».[142] Pero la casquería también se incluye en recetas que han sido enriquecidas con otros alimentos, destinadas a comensales con buen poder adquisitivo.

Las tortillas confeccionadas con despojos eran características de la gastronomía popular andalusí, como vemos en una que, con el nombre de «plato de los servidores»,[143] sería de gran consumo entre las clases más bajas, y que se hacía con el hígado, los riñones, el corazón y el bazo cortado en pedazos pequeños, a los que se añaden cebollas, especias, piñones y tomillo. Todo ello se bate con huevos y se le añade aceite y un poco de agua. Se termina cuajando en el horno.

Pero las clases más pudientes no se privaban del consumo de la casquería, tan apreciada por el pueblo, aunque fuera en elaboraciones más sofisticadas. Ese es el caso de una *isfiriya* (tortilla) de higadillos y mollejas a la que se le mezclan claras de huevo y especias; se doran por las dos partes en una sartén y se cortan en tiras que se utilizan para adornar otro plato.[144]

La tradición de la tortilla de casquería ha perdurado en la cocina tradicional y popular, como vemos en el caso de la ciudad de Granada donde es muy apreciada la conocida «tortilla granadina» hecha con sesadas de cordero, más parecida a las originales andalusíes, y su variante la «tortilla del Sacromonte», hecha con diferentes piezas de casquería y otros ingredientes, algunos de ellos, como la patata, que se le han ido añadiendo posteriormente para adaptarla al gusto del turismo.

---

142 Anónimo, p. 190.

143 *Ibidem*, p. 197.

144 Ibn Razín, pp. 88 y 92.

Había un guiso conocido con el nombre de *balaya* o *bilaya* (brillante) que incluía casquería y que debía ser muy popular, pues se vendía en los zocos.[145] Este es uno de los platos en el que se utiliza la técnica del encostrado, muy habitual en la cocina andalusí. Decía el autor del recetario anónimo que esta receta se hacía en el Occidente islámico, en los territorios que van desde Córdoba a Marrakech.[146] Se hacía otra versión de la *bilaya* destinada a las clases pudientes, que se confeccionaba con otro tipo de carne, en vez de casquería, pero que también se termina encostrándolo.

Ibn Razín recoge una receta de casquería con el nombre de *qalya* o *qaliyya:*

> [...] se coge la caña del pulmón [...] bandullo y callos. [...] Todas estas cosas se parten en pedazos pequeños, que se ponen en una cazuela de barro o de hierro con agua, sal aceite, pimienta, cilantro seco, una cucharadita de almorí desleído, cominos y cebollas partidas. Se lleva al fuego para que se cueza. Cuando está listo, se le pone vinagre de buena calidad en la cantidad que convenga. Se deja la olla al fuego hasta que el vinagre da uno o dos hervores; se retira y se come.[147]

La *qaliyya* es un guiso que tradicionalmente se ha seguido haciendo con la casquería de diferentes animales. Según la traducción de Manuela Marín, *qalya* equivaldría a «fritura» en general, aunque referida a una fritura de casquería. Pedro de Alcalá recoge ese nombre en su vocabulario como equivalente de «asadura», en una acepción; y en otra, como «cachuelas de conejo». Según el diccionario de la RAE, las cachuelas (nombre derivado quizás de cazuela, el recipiente donde se cocinaba) es un guiso hecho de casquería, que según el sitio podía ser asadura o mollejas; o como dice otra acepción del diccionario de la RAE: «guisado que hacen los cazadores compuesto de hígados, corazones y riñones de conejo».

Hoy se siguen haciendo cachuelas en diferentes sitios y de diversas maneras. En Zamora son típicas las de mollejas de

145 Ibn Razín, p. 175.

146 Anónimo, p. 84.

147 Ibn Razín, p. 176.

pollo que se hacen en guisado. En Extremadura llevan manteca e hígado, elaborándose como una pasta que sirve para untarla en tostadas. Una versión, un poco diferente de esta, sería la conocida «manteca colorá con zurrapa» del occidente andaluz.

En algunas localidades de La Mancha y de Jaén, como Torre de Albanchez, se elabora un plato conocido como «ajopringue», muy parecido a la *qaliya* andalusí, aunque en este caso se utiliza la casquería del cerdo, en concreto el hígado, que se cuece, se tritura y se sofríe con aceite, ajo, perejil, migas de pan ácimo, incorporándole productos nuevos como el tomate y el pimiento rojo. Este sofrito se adereza con especias como la pimienta, clavo, orégano, matalahúva y azafrán. Este plato, también muy parecido al morteruelo, recibe el nombre de «ajo mataero» en otras localidades.

Las carnes frescas se consumían fritas, cocidas, al horno o asadas. A veces se hervían y después se freían, e incluso, después de hervidas y fritas, terminaban en el horno, siempre con la idea de conseguir la textura más tierna posible.

Los guisos de carne podían llevar verduras y/o legumbres, o se podían hacer sin ese tipo de acompañamientos. En todos los casos, la carne es el ingrediente principal, pudiéndose cocinar en trozos más grandes o más pequeños, o simplemente machacada; incluso se podían cocinar las piezas enteras. Solían incorporar al guiso diferentes aglutinantes naturales como los huevos, la harina, el pan desmigado, queso, almendras, nueces, castañas, pistachos o piñones, y diferentes sustancias aromatizantes como la variedad de especias y hierbas aromáticas que pudiera tener el cocinero a su alcance.

Como acompañamientos de los guisos de carne también podemos encontrar en los recetarios andalusíes la utilización de frutas de sabor intenso como las manzanas ácidas, membrillos, limas, ciruelas, dátiles, cidras, o granadas. En otros platos se utiliza la trufa para darle un sabor especial.

El recetario de Ibn Razín anuncia en su introducción la dedicación de un capítulo a este hongo aromatizante, pero no se ha conservado. Es lo mismo que ha pasado con otro capítulo perdido dedicado a las setas, que aunque no se menciona apenas su utilización, se supone que se consumirían bastante en las zonas productoras. Asimismo, encontramos en los recetarios la utilización de la miel o el azúcar para darle un toque dulce al plato.

LAS HORTALIZAS

Según nos cuenta la arabista experta en agricultura y botánica de al-Ándalus, Expiración García Sánchez, en los zocos andalusíes existía la profesión de frutero-verdulero, lo que pone de manifiesto la importancia de su comercio y consumo.[148] La diversidad de frutas y hortalizas permitía a los andalusíes tener una dieta muy variada durante todo el año.

La importancia de las hortalizas en la cocina andalusí también se puede deducir de la relevancia que Ibn Razín les dedica en su recetario, en el que incluye una sección con diez capítulos, aunque desgraciadamente varios de ellos no los conocemos porque se perdieron del manuscrito.

Hay platos en los que las hortalizas son los alimentos principales, pero estas aparecen también incluidas en muchos de los platos referenciados en los recetarios como ingredientes secundarios. Así vemos que se consumían como ingredientes incorporados a algunas recetas de guisos de carne conocidos como *tafaya,* o como acompañantes en diferentes guisos de carne con verduras, conocidos como *muthallath* (terciados), en los estofados de verduras conocidos como *Baqliyyat,* o en diversas recetas de sopas desmigadas.

De los capítulos conservados en el manuscrito de Ibn Razín están los dedicados a la calabaza vinatera y a la berenjena, dos de las hortalizas más utilizadas en las recetas del murciano y del Anónimo.

Curiosamente, es otra hortaliza, la cebolla, la más utilizada en los platos descritos en los recetarios. Así vemos cómo

---

148 García Sánchez, Expiración (1995), «La gastronomía andalusí». Purificación de la Torre (coord.), *El zoco: vida económica y artes tradicionales en al-Ándalus y Marruecos.* Barcelona, pp. 49-57.

en muchos de los guisos se incorpora en su elaboración como condimento, la cebolla o el zumo de cebolla. En ocasiones, la cebolla se cuece con otros condimentos y con el ingrediente principal del plato, normalmente la carne, pero en otras recetas vemos que se sofríe: «Se corta la carne menuda, se pone en una olla y con ella dos cucharada de vinagre, una de aceite y cucharada y media de almorí, sal, especias y cebolla cortada; se fríe…».[149]

Una de las variedades que se consumía en al-Ándalus era la conocida como cebolla escalonia, conocida en Occidente desde la antigüedad y citada por Isidoro de Sevilla. También se utilizaba, especialmente en medicina y farmacia, otra variedad conocida como cebolla albarrana (del árabe *barrani,* silvestre) y que popularmente se conocía como «cebolla de ratón» por utilizarse desde antiguo como raticida.

Las espinacas (del árabe andalusí *isbinaj,* y a su vez, del persa *isbanaj*) era una de las verduras más consumidas, aunque apenas vemos su uso en los dos recetarios andalusíes que nos han llegado porque el capítulo que le dedicó Ibn Razín se ha perdido. En los pocos casos que se mencionan suelen acompañar a un guiso de carne o como relleno de empanadas. El agrónomo almeriense Ibn Luyun decía que se podía cultivar todo el año y, por lo tanto, se podían disponer de ellas frescas en todas las estaciones. El agrónomo sevillano Abu al Jayr, la calificó como «reina de las hortalizas». Eran muy apreciadas, especialmente, en un estofado conocido como *baqliyyat,* en el que, después de hervidas y escurridas, se rehogaban con algo de carne y aderezadas con especias:

> Se corta carne de carnero joven y gordo, se ponen en la olla con sal, cebolla, pimienta, cilantro seco, alcaravea y aceite; se lleva a un fuego moderado y cuando la carne está en sazón, se toman espinacas, se lavan y se cortan finas, se maceran en agua y se lavan hasta que salga su verdor y su negrura […]. Luego se les saca el agua y se ponen con la carne.[150]

149 Anónimo, p. 162.

150 Anónimo, p. 202.

Para el bromatólogo nazarí al-Arbulí la menestra de espinacas produce flatulencia y para evitarla «es necesario ponerle muchas especias».[151]

Si la espinaca era la verdura reina, la berenjena se puede considerar como la gran acompañante de la cocina andalusí. Su versatilidad gastronómica se puede comparar a la patata de hoy. En el mundo árabe es la hortaliza más utilizada, siendo un acompañante habitual de muchos platos. Fue introducida en la península en esa época y tuvo una gran aceptación por los andalusíes, ya desde el siglo X, pues la menciona el *Calendario de Córdoba*. Se podían comer guisadas como guarnición de la carne, fritas, rebozadas, encurtidas, rellenas, en tortilla, en embutido. El sevillano Avenzoar decía que «la gente las guisa con carne, lo mismo que hacen con las calabazas, añadiéndoles especias y vinagre, y resulta un plato muy sabroso y bueno».[152]

Entre los guisos de verduras en los que más se utilizaba la berenjena podemos destacar el *baqliyyat*, el *muthallath* o terciado, en alguna versión del *tafaya* y, especialmente, en la *buraniya* (alboronía), donde la berenjena es el ingrediente fundamental. Podemos ver en los recetarios andalusíes que en aquella época la *buraniya* era, básicamente, un plato de carne acompañado de verduras, especialmente la berenjena, pero también se podía hacer con pescado, tal y como vemos en una receta del Anónimo: «Se hace con pedazos de pescado hervido, lavado y frito y berenjenas fritas, como se hace la *buraniya* con carne de oveja y berenjenas fritas».[153]

La incorporación de carne o pescado era lo habitual en este tipo de recetas pensadas para una población con más facilidad de acceso a esos alimentos, pero hemos de creer en que la población con menos recursos guisaría también la *buraniya* sin carne o pescado, solo con verduras o con huevos

151 «Un tratado nazarí sobre alimentos...» (II), p. 14.

152 Citado en: José Mataix Verdú y Francisco Javier Barbancho Cisneros, *Hortalizas y verduras en la alimentación mediterránea*, p. 245, Editorial Universidad de Almería, 2007.

153 Anónimo, p. 222.

escalfados encima. Esa elaboración más popular de la *buraniya* sería la que se ha transmitido a lo largo del tiempo con el nombre de alboronía. Esta receta ha ido cambiando con el tiempo, añadiéndosele productos llegados de América como el tomate y el pimiento, quedando como una fritada de diferentes verduras entre las que no falta la berenjena. En unos sitios se sigue llamando alboronía y en otros se les denomina con otros nombres como «pisto», «samfaina», «tumbet» (en Mallorca), o simplemente «fritada» (en Aragón).

El nombre de la *buraniya*, según el Anónimo, se atribuye a *Buran*, hija de al-Hasan ibn Sahl, y esposa del califa abasí al-Ma'mun. En la alboronía andalusí se solía utilizar la berenjena frita, normalmente en rodajas, con las que se confeccionaba un lecho sobre el que se extendía el guiso de carne especiada, y sobre él otro lecho de berenjenas fritas. Según el gusto del cocinero se podía adornar el plato con albóndigas o huevo duro partido.

Se hace referencia a otra clase de alboronía que se hacía al horno:

> También se puede poner la carne en la cazuela, sobre una capa de berenjenas y otras dos más, una en medio y otra por encima; se cubre después de poner la berenjenas y se lleva al horno hasta que cuaje o se cocina en la casa poniendo encima otra cazuela con fuego hasta que cuaja y se dora su superficie.[154]

Aquí podemos adivinar una forma de cocinar la berenjena que actualmente está muy extendida en la cuenca mediterránea en forma de lasaña o *musaka*. El autor andalusí de la receta no especifica con qué cubre esta lasaña de berenjenas con carne, pero hemos de suponer que si se «dora la superficie» se cubriría con queso rallado como era habitual en otros platos de la época.

La berenjena frita era un plato muy apreciado en al-Ándalus. Se solían incorporar a diferentes guisos como ingrediente secundario. Después de quitarles el amargor, dándoles una

154 Ibn Razín, p. 142.

ligera cocción con sal, o salándolas en seco o en agua durante un tiempo, y después lavándolas y escurriéndolas, se rebozaban y se freían antes de incorporarlas a la olla. Pero también se consumían solas: «Se cortan, como se quiera, a lo largo o a lo ancho [...] ; se hierven con agua y sal, se sacan de su agua y se dejan hasta que se sequen y se les escurra su agua; luego se rebozan con harina blanca y se fríen en el freidor con aceite dulce hasta que se tuesten»,[155] o se acompaña, echándole por encima, algún tipo de salsa con aceite, vinagre, ajos y/o queso rallado.[156] Así mismo, aunque no se especifica en ninguna receta, hemos de suponer que también se rociarían por encima con algo de miel, tal y como se siguen preparando actualmente en Andalucía.

Otra forma de freírlas era rebozándolas en unas gachas espesas como se hace con el rebozado de la actual tempura:

> Coges berenjenas dulces y las partes en láminas a lo largo y a lo ancho. Se hierven en una olla con agua y sal y se tira el agua. Después se coge harina de adárgama y se bate en una zafa con huevos, pimienta, azafrán, cilantro seco, jugo de cilantro tierno y un poco de almorí desleído. Cuando se hace todo como unas gachas espesas, sumerges en ello las berenjenas y las fríes en una sartén hasta que se doren.[157]

Los andalusíes cocinaban berenjenas rellenas, que podía hacerse partida por la mitad, rellena y frita: «Quien lo desee, puede coger las berenjenas, partirlas en dos mitades y vaciarlas; se rellenan con carne machacada y especiada que tenga claras de huevo. Después se rebozan con harina de adárgama, se fríen en aceite fino hasta que están a punto y sabrosas».[158] Otra forma era cocinándolas enteras, quitando la corona de la berenjena y vaciarla por ahí. El relleno se hacía con lo extraído de la berenjena a lo que se añade migas de pan blanco, huevo y especias y, si se quiere y se puede, un

155 Anónimo, p. 213.

156 Ibn Razín, p. 275.

157 Ibn Razín, p. 274, y Anónimo p. 212.

158 Ibn Razín, p. 142, y también en Anónimo pp. 86 y 212.

poco de carne picada o pajarillos. Todo ello se terminaba cociendo en el horno.[159]

En aquella época se cocinaban también las berenjenas en tortilla, mezclando la berenjena hervida con migas de pan, especias y huevos: «lo bates todo hasta que esté trabado y lo fríes haciendo tortas en una sartén con aceite hasta que se doren».[160]

En otra de las elaboraciones con esta hortaliza vemos lo que se podría considerar como una hamburguesa de la época en la que se mezcla la berenjena con carne: «Se cogen las berenjenas, después de cocerlas, lavarlas y machacadas en el almirez hasta que se haga una masa como la del tuétano, y se mezclan muy bien con la carne machacada con todas las especias. Después se untan las manos con aceite y se hacen con esto obleas redondas finas. Se fríen [...]».[161] Este tipo de tortas se podían consumir solas o incorporadas a otros platos más sofisticados como el que recoge el Anónimo con el nombre de «la *buraniya* completa».[162]

La gran versatilidad de esta hortaliza la vemos en que sirve, incluso, como relleno de salchichas:

> Coges berenjenas dulces, en la cantidad que desees. Se pelan, se cuecen y se les añade sebo picado, algo de almorí desleído y todas las especias y condimentos que se precisen para hacer salchichas de carne. Se rellenan los intestinos con esto como se ha indicado más arriba, después de añadirle algo de huevo, que es lo que lo retiene para que no se salga.[163]

La berenjena se podía preparar en conserva para poder consumirla más adelante.[164] Una forma de hacerlo era cociéndolas y metiéndolas en salmuera en un recipiente cerrado. Otra forma de prepararlas, sobre todo las de tamaño más

159 Anónimo, p. 211 y Ibn Razín, pp. 273-274..

160 Anónimo, p. 213 y Ibn Razín p. 275..

161 Ibn Razín, p. 141.

162 Anónimo, p. 208.

163 Ibn Razín, p. 275 y Anónimo, p. 213.

164 Ibn Razín, p. 294.

pequeño, era encurtidas en vinagre, como se hace actualmente en algunas zonas de la Mancha y que servían, como hoy, para degustar como aperitivo.

La calabaza es otra de las hortalizas más usadas en la gastronomía andalusí. Ibn Razín le dedica un capítulo recogiendo las diferentes formas de cocinarla. La variedad que más se menciona en los recetarios es la calabaza vinatera, que además de su consumo gastronómico también se utilizaba como recipiente una vez seca y curada. Se consumía cocida, como ingrediente secundario en algunos guisos como los *blaqliyyat,* en sopas desmigadas o en el cuscús, donde sigue siendo uno de los acompañamientos habituales. Sin embargo, en la mayoría de las elaboraciones con calabaza que aparecen en los textos medievales andalusíes, ella era el ingrediente principal del plato.

Unas veces se elaboraba, simplemente, cocida y acompañada de una vinagreta o con una salsa hecha de almendras o piñones molidos junto con migas de pan, huevos y jugo de menta o cilantro o, en su caso, leche; o se cocía y después se freía en trozos enharinados y se le añadía una salsa. La cocción de la calabaza en leche debió ser una de las elaboraciones más populares con trascendencia en la gastronomía cristiana que la sigue identificando como plato de origen andalusí al calificarla de «calabaza a la morisca», como se ve en una receta del *Libro de guisados* de Ruperto de Nola.[165]

La calabaza también se podía freír rebozada, al igual que las berenjenas. Se cortan en pedazos alargados y después de hervidos y escurridos se rebozan en una masa hecha de huevo y harina, mezclada con pimienta, comino y cilantro seco.[166] Incluso se podía elaborar en forma de tortitas:

> [...] una vez cocida, la exprimes para que suelte el agua. La machacas muy bien en el almirez hasta que se haga como una masa unida y le añades sal en proporción, pimienta y migas de pan. Le cascas huevos y lo bates todo junto, sin que quede demasiado fino. Después coges una sartén limpia, la pones al

165 Ruperto de Nola, p. 25.

166 Ibn Razín, p. 266.

fuego con aceite y, cuando esté caliente, el aceite, coges la calabaza machacada y haces con ella obleas pequeñas como las de las tortas de carne y la fríes en la sartén, dándoles la vuelta con cuidado para que se doren por todas partes.[167]

En esta receta vemos el antecedente de un postre típico de algunas zonas de Galicia conocido como «chulas de calabaza», o de una especie de buñuelos que se hacen en algunas zonas del sudeste peninsular conocidos como «boladillos» de calabaza.

Imagen 10. Chulas gallegas.

Otra manera de consumirla era en forma de puré: «Cuando la calabaza esté hecha [cocida] la sacas, la escurres y la frotas sobre un cedazo grueso de crin o de esparto colocado sobre un cuenco, al cual pasará la calabaza».[168] El puré de calabaza, conocido en la época como *talabiya,* se podía consumir salado, mezclado con un majado de ajos y con requesón o cuajada; o también se podía consumir endulzado con miel

167 Ibn Razín, pp. 264 y 265.

168 Ibn Razín, p. 266.

o azúcar. Este plato dulce de calabaza seguramente que es el antecedente de un postre típico de la zona valenciana denominado como «arnadí», palabra que posiblemente provenga de «garnatí» (granadino) y tenga mucho que ver con un plato dulce de calabaza que se conoce en Motril (Granada) con el nombre de «cazuela de San Juan», elaborado con calabaza cocida, almendras tostadas y molidas, migas de pan, azúcar, huevos y aceite, al que se le añaden especias como ajonjolí, matalahúva, canela y clavo. La masa se pone en una cazuela y se hornea.

Otras hortalizas de consumo habitual en al-Ándalus que se mencionan en las recetas de guisos como acompañantes de la carne, además de las calabazas o las berenjenas, eran las zanahorias, los bledos, los nabos, la col, la coliflor, los ajos, los rábanos, los pepinos, las alcachofas y su variante conocida como alcaucil, los espárragos, el cardo cultivado, conocido con el arabismo alcanería, la verdolaga, el armuelle, el apio, las acelgas, los hinojos, la lechuga, la achicoria de huerta, la colocasia, los puerros; y legumbres como las habas, los guisantes, los garbanzos y las lentejas.

Estas y otras son mencionadas por los agrónomos andalusíes en sus tratados. Por ejemplo, el sevillano Abu'l-Jayr refiere muchas de ellas:

> Si se cultivan plantas como la col, la acelga, el nabo, el rábano, el bledo, la acedera, y otras como los garbanzos, la alcarceña, las almortas, el culantro, las lentejas y el ajonjolí, maduran a los cuarenta o sesenta días más o menos según su arreglo. La endibia tarda quince días o algo más desde el día que se siembra, igual que la espinaca, el culantro, el bledo y otras plantas semejantes. Las coles, coliflores, rábanos, zanahorias, cebollas, nabos y acelgas maduran a los dos meses.[169]

La col era una hortaliza que aparece en la receta de algunos guisos como acompañante de la carne y que podía comerse también cruda o en vinagre. Podía ser col de verano o

169 Abu l-Jay,: *Kitab al-Filaha -Tratado de agricultura*. Introducción, edición y traducción de Julia María Carabaza Bravo. Agencia española de cooperación internacional. Madrid 1991, p. 228.

col de invierno. Se podía hacer con ella el típico puchero de col, que Ibn Razín denomina como *kurunbiya* (plato con col). En esa receta se rehoga la carne de carnero con aceite, sal, pimienta, cilantro seco y unas cebollas partidas. Se le añade agua «la que haga falta para hacer el caldo, sin excederse». A la olla se le añade la col, y cuando todo está cocido «se coge un poco de sebo y se machaca. Se le ponen a este sebo tallos de cilantro fresco y se añade a la olla. Se coge un poco de alcaravea y se machaca ligeramente en el almirez, añadiéndole a la olla... Se deja un rato para que tome su aroma y se dore».[170] Otra forma de cocinar la col era como una sopa desmigada, en la que el caldo de la *kurunbiya* se echaba sobre un desmigado de pan, y cuando este había absorbido el caldo se le pone por encima la carne y la col, espolvoreándole canela y jengibre.

Otra versión más sofisticada de la *kurunbiya* se hacía encostrándola con huevos batidos, especias y jugo de cilantro fresco y adornándola con yemas o huevos cocidos partidos y/o almendras.

La coliflor, al igual que la col, según al-Arbulí, había que cocinarla con muchos granos de alcaravea (comino de prado) para mitigar su flatulencia. Se hacía igual que la col, sobre todo en puchero.

El espárrago, tanto el silvestre como el cultivado en la huerta, fue muy apreciado por el paladar andalusí. El espárrago ya existía en la península con anterioridad porque aparece mencionado por Columela como uno de los vegetales, en concreto su flor, que se pueden encurtir.[171]

Parece ser que fue Ziryab el que dio a conocer a la alta sociedad andalusí el uso culinario de la parte blanda del tallo del espárrago. En el siglo XI debió estar ya muy extendido su consumo, no solo entre la clase aristocrática sino también entre el pueblo llano, a tenor de las palabras del historiador cordobés Ibn Hayyan (s. X-XI) que se refiere a esa extensión

170 Ibn Razín, p. 150.

171 Columela, libro duodécimo, capítulo VII.

en su conocimiento y uso gastronómico: «esta planta vino a ser conocida entre la gente [de al-Ándalus], concordes en su preferencia y buscándola en su sazón, cogiéndola tanto la aristocracia como la plebe hasta hoy».[172] En el recetario Anónimo vemos varias recetas de espárragos. En una de ellas se puede adivinar el típico «revuelto de huevos con espárragos», a los que hoy, en vez de la carne mechada de la receta andalusí, se le suelen añadir trocitos de jamón:

> Se corta la carne mechada y se pone con ella blanco de cebolla, sal y aceite, se fríe y luego se vierte sobre un poco de agua y se le echa, después que ha hervido, espárragos cortados, como las yemas de los dedos, después de hervidos a media cocción, se le cascan huevos y se sazona con cilantro cortado.[173]

Hemos de suponer que esta receta también se haría en aquella época, a nivel popular, también sin carne.

Otra forma de consumir las verduras en aquella época era preparándolas de la manera que hoy se califica como «a la jardinera», en la que se incluyen varias verduras troceadas como acompañantes de carnes o como ingredientes de una sopa. La receta jardinera que incluye el recetario Anónimo es algo diferente a las recetas jardineras modernas ya que se le añade pan rallado, queso y huevos. Debido a la sencillez en su elaboración y facilidad en la adquisición de los ingredientes debió ser muy habitual. En la misma receta dice el Anónimo que «era costumbre entre nosotros el hacerla en los huertos y jardines».[174] Si se hacía en verano u otoño, dice en la receta, se usaban, sobre todo, verdolagas, acelgas, calabaza y berenjena. Si se hacía en primavera, se utilizaban verduras propias de esa estación como las habas verdes, lechuga o espinacas.

---

172 Citado en: Martínez Enamorado, Virgilio, *Paladares de príncipes, recetas cortesanas, comidas de campesinos*, p. 80.

173 Anónimo, p. 163.

174 Anónimo, p. 216.

LAS FRUTAS

El consumo de los frutos de ciertos árboles y arbustos ya se daba desde los primeros momentos de la civilización. Antes de la época andalusí ya se aprovechaban los frutos de especies como el olivo, la vid, el nogal, el castaño, el algarrobo, el almez, el azofaifo, la higuera, el pino piñonero, el peral, el ciruelo, el albaricoquero, el membrillero, el níspero y el granado. Además de todos los que se consumían con anterioridad, los andalusíes introdujeron y aclimataron variedades diferentes de las ya conocidas y otras nuevas como el plátano, la sandía, o algunos cítricos como la naranja amarga, el limón, la lima y el pomelo.

Los recetarios no suelen hacer mención al consumo de la fruta fresca, a no ser que esta se incorporara como ingrediente de algún plato, sin que ello quiera decir que no se consumiera fresca sola o como postre. De hecho, el que los agrónomos andalusíes escriban sobre las diferentes formas de conservar la fruta fresca durante más tiempo, es un claro testimonio de que esta era muy consumida por la población en general. El granadino Ibn al-Jatib recomendaba como postre a las mujeres embarazadas «las pasas negras, membrillos dulces, peras, manzanas ácidas y granadas».[175] Al-Arbulí menciona las frutas que debían ser las más consumidas en su tiempo y que han seguido siéndolo después. Entre ellas se destacan los higos, las uvas, el melocotón, el albaricoque, la granada, el membrillo, la manzana, la pera y la ciruela.

Además de consumirse fresca, seca o incorporada a algún guiso, era habitual que con las frutas se hicieran zumos, mermeladas, compotas y jarabes.

El higo era un fruto muy apreciado en al-Ándalus y su cultivo estaba muy extendido, especialmente por tierras de Andalucía, donde compartía espacio con el olivo y la vid. Los geógrafos que describen las tierras del Aljarafe sevillano dicen que estaba toda sembrada de higueras y olivos.

175 Citado en García Sánchez, Expiración (2006), *Comidas de mujeres en la sociedad andalusí*, p. 207.

Su fruto, fresco o conservado en seco, era un alimento muy popular y socorrido. La higuera era muy apreciada, hasta tal punto que era conocida popularmente, según recoge el *Calendario de Córdoba*, como «el árbol» por antonomasia. Según al-Idrisí, en Málaga había una gran producción de higos que se dedicaban a la exportación, una vez secos: «El terreno de sus inmediaciones está plantado de higueras que producen frutos conocidos con el nombre de higos de Raya, que se envían a Egipto, Siria, al-Irac y aun hasta la India; son de excelente calidad».[176] Este mismo autor destaca la abundancia de plantaciones de higueras en otras zonas como el Aljarafe sevillano, en la villa de Denia y en la ciudad de Alicante.

Existía una variedad de higo, conocida como doñegal, que era la más estimada en aquella época.

La uva, como fruta fresca, debió ser un alimento muy generalizado. El sevillano Avenzoar consideraba a los higos y las uvas como los señores de las frutas. El cultivo de la vid en la península ya se daba en la Antigüedad, en algunas zonas, extendiéndose bastante en la época romana.

La importancia y extensión de su cultivo en la época andalusí la podemos deducir de la especial dedicación que le dan los tratados agrícolas. Incluso podemos intuir la importancia de la vid en la sociedad andalusí por la existencia de una fiesta especialmente dedicada a la recolección de la uva. Era la Pascua de los *alaceres* o *alarces* que se celebraba en septiembre y en la que, según el polígrafo nazarí Ibn al-Jatib, era costumbre el traslado de toda la familia al campo con el objeto de hacer la vendimia.

La elaboración de la pasa era un proceso que podía durar varios días, durante los que no faltaban la música y el baile. En algunos textos se identifica esta fiesta de la Pascua de los *alaceres* con la «fiesta de la pasa» pues era muy habitual que la uva que se cultivaba en secano terminara convirtiéndose en pasas.

---

176 Al-Idrisí, p. 191.

La producción de uvas pasas, para consumo propio y para la exportación, estaba muy extendida por todo el territorio andalusí, pero había una zona, la Axarquía malagueña, que, al igual que hoy, tenía fama por la cantidad y calidad de sus pasas. No lejos de allí, en una alquería entre Almuñécar y Torrox, que al-Idrisí identifica con el nombre de *Xet* (¿Jete?) se producían pasas de excelente calidad: «Este pueblo produce pasas de una belleza y de un tamaño notable, son de color rojo y de gusto agridulce. Se expiden desde allí a toda Hispania y son conocidas con el nombre de pasas de Xet».[177] Otra zona que señala este autor como gran productora de pasas en esa época era la isla de Ibiza de la que dice que «es bonita, plantada de viñedos y produce muchas pasas».[178]

Una parte de la uva se cultivaba en emparrados, en los huertos con regadío, para su consumo como uva de mesa. Algunos de estos huertos con viñas solían estar situados en casas de campo junto a las poblaciones, siendo conocidos después con el nombre de «carmen», procedente de *karm* (viñedo), de los que hoy quedan muchos en Granada, aunque ya, generalmente, sin esa función de huerta con viñedo.

Entre las frutas más cultivadas también estaba el albaricoque o albarcoque, tal y como lo recoge el vocabulario de Pedro Alcalá y se sigue diciendo en tierras granadinas a nivel popular (de *al-barqud*, que es un arabismo andalusí procedente, a través del romance, del latín *praecocuum*); el melocotón o prisco, del que Isidoro de Sevilla distinguía tres variedades: *duraceznum* (el durazno actual) *armenicum* y *persicum*.[179] Este último, actualmente es conocido como albérchigo (el pérsico), nombre derivado del romance andalusí arabizado y que en la época andalusí se le conocía popularmente como «melocotón pequeño». En algunas zonas se le denomina así al albaricoque.

177 *Ibidem*, p. 190.

178 *Ibidem*, p. 206.

179 Citado en: *Un tratado agrícola andalusí anónimo*, Edición, traducción y estudio con glosario de Ángel C. López y López, Tesis Doctoral. Universidad de Granada 1991, p. 285.

La granada era una fruta muy vinculada al islam por ser una de las pocas que nombra el Corán y de la que existían numerosas variedades, aunque las más cultivadas eran la *mursí* (la murciana), la *rumí* (la cristiana) de la que derivaría la que actualmente se conoce como «mollar», y la *safarí*. Los andalusíes introdujeron y aclimataron esta variedad de granada conocida como zafarí, y que para el agrónomo Abu l-Jayr era «la mejor, más dulce, agradable y excelente de las granadas».[180]

El membrillo es una fruta originaria del Cáucaso que se extendió por la cuenca mediterránea. Se utilizaba en la cocina desde, al menos, la época romana, ya que se incorporaba como ingrediente en algunas recetas del romano Apicio. Tanto este gastrónomo, como el gaditano Columela, nos transmiten la mejor forma que había de conservar los membrillos durante mucho tiempo, y era sumergiéndolos en miel. El agrónomo gaditano, que vivió en el siglo I, también recoge una fórmula para hacer conserva de membrillo, aunque sin miel ni azúcar, como se hacía en la época andalusí, y se ha seguido haciendo hasta ahora.

Los agrónomos andalusíes recogen en sus textos varias formas de conservar la fruta fresca del membrillo durante más tiempo. La más sencilla y, quizás, la más habitual, junto a su conservación entre la ropa, a la que le daba olor, y que se ha seguido haciendo hasta ahora, era la de enterrarlos en paja: «Si colocas los membrillos en virutas de madera de encina o paja de cebada, permanecen frescos».[181] La conservación del membrillo en miel no convencía a los agrónomos andalusíes, que consideraban que de esa manera se estropeaba el sabor: «y si se meten en vino o miel, también se mantienen así pero su sabor se estropea».[182]

180 Citado en Forcada, Miquel, «Granada safarí e higo dunniqal: la transmisión de nombres y especies en al-Ándalus». *Panace@* 2019: XX (50), 34-41.

181 Abu l-Jayr, p. 314.

182 *Ibidem*.

Imagen 11. Membrillos.

En aquella época se utilizaba el membrillo en la elaboración de algunos platos de carne. Era especialmente adecuado el membrillo ácido, o la manzana ácida, ya que, según decía el autor del Anónimo «lo ácido es lo más eficaz para alegrar y fortalecer el corazón».[183] Aunque estas frutas ácidas se utilizaban también en guisos de carne de cuadrúpedos, su empleo era más habitual en las de ave: «y se hace con carne de aves, como pollos gordos o pichones de palomas caseras o torcaces y entonces es más fino y mejor».[184]

Otra forma de consumir el membrillo, que por su extremada acidez no era una fruta muy adecuada para consumir en fresco, era haciendo dulce de membrillo o pasta de membrillo, como la denomina el Anónimo. La receta tradicional

183 Anónimo, p. 204.

184 *Ibidem.*

andalusí del dulce de membrillo, se elaboraba con miel. Se pelaba el membrillo, se partía en trozos y se machaca hasta conseguir una pasta que se cocía en miel. En el siglo XIII, debido a la extensión de la producción y consumo de azúcar, el dulce de membrillo se empieza a elaborar con azúcar, tal y como se hace ahora. El propio redactor del Anónimo así lo testifica: «Se hace también [con azúcar], según otra receta, que es más nueva».[185]

En la Edad Moderna, la conserva más difundida era la carne de membrillo. Prueba de ello es la preeminencia que le da a esta conserva, en su recetario, el navarro Juan Vallés (siglo XVI), con dieciocho maneras de elaborar el membrillo con azúcar y ocho con miel.[186] Se elaboraba a nivel casero pues «se usa por la mayor parte en Portugal y en Castilla entre señoras delicadas y diestras en conservar frutas».[187]

El membrillo, y algunas de sus elaboraciones, especialmente el dulce de membrillo, viajaron a América con los conquistadores españoles.

Del melón, decía Avenzoar que era mejor consumirlo en ayunas porque si se hacía después de una comida copiosa o se acompañaba con pan, resultaba nocivo. De ello deducimos que el melón se consumía como fruta fresca sola, aunque también se incorporaba a algunos guisos como el que recoge el Anónimo con el nombre de *muzawara* (falsificada) elaborado con lentejas y al que se le pueden añadir diferentes verduras o melón solo.[188]

La manzana se consumía, sobre todo, como fruta fresca. De las diferentes variedades que había, la que más cultivaban los andalusíes, según se desprende de los textos, era una conocida como «jabí», que según el sevillano Abu l-Jayr es «de color amarillo, forma alargada, carne blanda, que madura en

185 *Ibidem*, p. 300.

186 Serrano-Larráyoz, Fernando. (2008), «Confitería y gastronomía ("libros" IV-VI) en el *Regalo de la vida humana* de Juan Vallés. https://www.researchgate.net/publication/235919361

187 *Ibidem*, p. 209, nota 15.

188 Anónimo, p. 215.

junio y que no tiene flor».[189] Seguramente que esta variedad sería conocida después como «pero», por su forma parecida a la pera, aunque con el tiempo este nombre se utilizó, en algunos sitios, para denominar a otras variedades de manzana.

Dado que su cultivo es más propicio en zonas «frescas y húmedas, sobre todo en verano», como decía el agrónomo sevillano Ibn al-Awwam —también conocido como Abu Zacaría—, se producía en zonas de montaña del interior como era las cercanías de Sierra Nevada, donde existía un pueblo citado en las fuentes, que estaba en el Valle de Zabí, en las cercanías de Guadix (Granada) que era conocido como «esfiliana de las manzanas» por la calidad de ese fruto.[190]

En la elaboración culinaria se utilizaba más la manzana ácida, aunque, como vemos en una receta de Ibn Razín, también se contempla el empleo de la manzana dulce:

> Se coge la carne que se necesite de carnero endentecido y graso, se corta, se lava, se limpia y se pone en una olla con sal, aceite, pimienta, cilantro seco, un poco de comino y unas pocas cebollas. Se lleva al fuego y se remueve para que la carne suelte su jugo y empiece a blanquear. Se le pone agua caliente para el caldo. Después se cogen las manzanas, se pelan, se les quitan las semillas y lo demás y se cortan como se desee. Se ponen en la olla con la carne para que cueza todo junto. Cuando está a punto, se pone un poco de azafrán y después buen vinagre; si las manzanas son ácidas, solo un poco, y si son dulces, una cucharada o lo que se desee. Se deja que se haga a fuego lento y luego se sirve en una fuente. Se le espolvorea canela y jengibre y se come.[191]

La pera era una fruta muy apreciada por los andalusíes, tanto las silvestres como las cultivadas. Su variabilidad, que permitía su consumo durante un largo tiempo, era reseñada por los agrónomos andalusíes que las diferenciaban en

---

189 Citado por García Sánchez, Expiración (2011), «La producción frutícola en al-Ándalus: un ejemplo de biodiversidad». *Estudios Avanzados* 16, pp. 51-70, p. 64.

190 *Ibidem.*

191 Ibn Razín, pp. 162 y 163.

función de su tamaño, su textura, su forma o su sabor.[192] Por su sabor dulce y por su tamaño era muy apreciada la variedad que se cultivaba en el pueblo granadino de Dólar, «cuyos alrededores producen excelentes peras; una sola de estas peras pesa algunas veces una libra de Andalucía, comúnmente pesan media libra de estas, y son de un gusto exquisito».[193]

La ciruela, especialmente la de color oscuro, conocida popularmente como «ojos de vaca», por su parecido con las pupilas de las vacas, se utilizaba en la cocina andalusí. En algunos platos se utilizaban estas ciruelas ya secas y remojadas en vinagre.

Igualmente sabemos por los tratados agronómicos que en al-Ándalus se plantaban y se consumían otras frutas como cerezas (conocida popularmente en esa época con el nombre romance arabizado de *yarasiya*, derivada del latín *cerasia*. Se cultivaban varias especies de cerezos, entre ellos el guindo y una variedad muy extendida por la península conocida como *mahaleb*, que significa, precisamente, «la cereza».

Aunque solo en determinadas zonas, también se producía el dátil, especialmente en Elche, o el plátano, del que era muy apreciado el cultivado en Almuñécar.

En aquella época se introdujeron y aclimataron en la península cítricos como la naranja (del árabe andalusí *naranja*) y el limón (del árabe andalusí *laymún*) donde encontraron una tierra idónea para su reproducción en toda la costa mediterránea. En la corona de Aragón se introdujeron muy pronto y con éxito. El viajero Múnzer, a finales del siglo XV ensalza las huertas que había a las afueras de Perpiñán, de Barcelona y de Valencia, en las que no faltaban los cítricos, junto a otros frutales.[194] El alemán señala en su relato por la costa peninsular que estos cítricos también servían de ador-

192 Ver. García Sánchez, Expiración (2011), «La producción frutícola en al-Ándalus», p. 61.

193 Al-Idrisí, p. 193.

194 Münzer, Jerónimo, «Viaje por España y Portugal en los años 1494 y 1495», pp. 42 y 45.

no en los jardines. Y es que, al principio, la naranja que se cultivaba en al-Ándalus era la agria, pues la variedad dulce que hoy conocemos parece que se introdujo con posterioridad.

Su uso en aquella época era, sobre todo, ornamental, aunque también tenía un uso culinario elaborándola en forma de jarabe y mermelada o pasta endulzada con miel:

> Se toma corteza de naranja roja, después de macerarla en agua y se corta como dedos; se toma el peso de una libra y se le añade tres libras de miel limpia de su espuma hasta que tome forma de pasta; se come de ellos, como una nuez, en la comida.[195]

Con otro cítrico, que ya se cultivaba con anterioridad en la península, la toronja o cidro, se hacía mermelada: «A veces la gente prepara una mermelada con la corteza de esta fruta y le ponen azúcar para que se conserve durante más tiempo».[196] Las hojas del cidro se utilizaban en algunos platos como aromatizante, especialmente en los pescados escabechados.[197]

Había otros frutos silvestres mencionados por los agrónomos que debieron formar parte de la dieta campesina como era la acerola, nombre derivado del árabe andalusí *za'rur*, que Pedro de Alcalá la identifica como la serba, fruta del serbal, diferente a otra fruta muy parecida originaria de América que se conoce también como acerola. Del bosque se utilizaban también frutos como la zarzamora, el azufaifo, el almez, o el madroño, que según Avenzoar era muy nutritivo.

LOS FRUTOS SECOS

Entre los frutos secos que más se consumían estaban las almendras, tanto maduras, dulces o agrias, y la almendra verde conocida como alloza. Además se consumían castañas, nueces, dátiles, bellotas, alfóncigos (pistachos) piñones y

---

195 Anónimo, p. 302.

196 Ibn Zuhr, p. 76.

197 Anónimo, p. 219.

avellanas, que en alguna ocasión son confundidas en la traducción de los textos con las albóndigas, porque se les denominaba a nivel popular como *al-bunduq* —la bola— igual que a la albóndiga.

Podemos decir que los frutos secos, especialmente las almendras, se encuentran en la mayoría de las recetas. Y no solo nos referimos a los platos dulces sino también a multitud de guisos donde su incorporación es una característica especial, junto a la abundante utilización del huevo.

La almendra se utiliza de todas las formas: entera, partida, machacada, hecha harina, y con ella se podía elaborar aceite o leche de almendras. Aunque este fruto seco es el rey de la cocina andalusí, también vemos la utilización de nueces, piñones, pistachos o castañas. Unas veces se utiliza uno de ellos solo y, a veces, varios juntos. El Anónimo contiene dos recetas de carne con castañas, una de ellas lleva las castañas enteras y la otra, machacadas en forma de salsa.[198]

LAS LEGUMBRES

En la península ibérica, las legumbres se conocen desde los primeros tiempos del neolítico cuando el hombre empieza a cultivar la tierra. Incluso hay indicios arqueológicos que nos inducen a pensar que la primera agricultura en la península no fue la de los cereales —que venían del Próximo Oriente— sino la de las leguminosas. Desde entonces, la legumbre ha sido un pilar básico en la alimentación pasando a formar parte de la famosa «dieta mediterránea», junto con los cereales, las frutas, hortalizas, pescado, vino y aceite.

Su cultivo se hacía en secano y solía hacerse en cultivo rotatorio con los cereales con el fin de enriquecer la tierra a través de la fijación del nitrógeno que llevan a cabo las plantas leguminosas. Entre las legumbres que siguieron consumiendo los andalusíes, los textos mencionan especialmente a las habas, los garbanzos (*hummus*) y las alubias (*lubiyya*),

198 Anónimo, p. 193.

una nueva especia de leguminosa introducida en esa época desde África y que era diferente a las variedades que han llegado después desde América. También se consumían lentejas y guisantes.

Lo habitual de las legumbres era que se utilizaran cocinadas para el consumo humano, pero estas, curiosamente, también se utilizaban para la confección de jabones. En el recetario de Ibn Razín vienen varias formas de confeccionar jabón, y en varias de ellas se utilizan legumbres entre sus ingredientes, además de otros productos aromatizantes. En uno de los jabones se utiliza harina de cebada, de lentejas y de habas; En otra receta, solo se menciona a la harina de habas, pero hay una fórmula, la más sencilla, hecha solo con harina de garbanzos, que servía para lavase las manos después de comer y que, según el autor murciano, «son los polvos de jabón que usa la gente».[199]

El garbanzo es la legumbre más mencionada en los recetarios y la más versátil en su utilización ya que podían consumirse enteros, incorporados, una vez remojados, a un guiso de *tafaya* o a una sopa desmigada; o una vez cocidos, también se podían incorporar machacados al guiso, como el que recoge el Anónimo con el nombre de «garbanzada»[200], muy parecido a otro que viene en el de Ibn Razín «que se hace con garbanzos molidos».[201]

Hay otras recetas en las que el garbanzo es el protagonista del plato:

> Se limpian los garbanzos secos, se lavan y se ponen en remojo en agua clara que los cubra. Después se cuecen en una olla sobre el fuego, en el agua en que se ha remojado, con cebollas partidas, pimienta, cilantro y un poco de azafrán. Cuando están hechos, se les pone un poco de almorí y vinagre. Se dejan reposar un poco y se sirven en una zafa; también se les puede exprimir vinagre de lima, en lugar del vinagre y la cebolla.[202]

199 Ibn Razín, p. 310.

200 Anónimo, pp. 197 y 198.

201 Ibn Razín, pp. 168 y 169.

202 *Ibidem*, p. 280.

Otra forma de preparar los garbanzos era añadiéndoles huevos, consiguiendo lo que sería unos garbanzos revueltos,[203] o haciendo tortitas con la harina de garbanzos, tal y como vemos en una receta que el Anónimo denomina «la *isfiriya* falsificada de garbanzos».[204] Otra forma muy común de consumir los garbanzos era tostándolos. Así lo atestiguaba el sevillano Avenzoar al asegurar que «la gente tuesta las habas y los garbanzos».[205]

Lo normal es que el garbanzo se utilizara despojado de su cáscara, pero en el ámbito rural debió ser frecuente que se consumiera sin descascarillar, si creemos al autor del Anónimo cuando dice que «el garbanzo en su cáscara no tiene aplicación en las diversas clases de cocina, porque es un plato de la gente del campo y de los glotones».[206]

Había otras formas de aprovechar el garbanzo. Una de ellas era la ingesta del caldo en el que habían hervido, cuando este no se utilizaba en la receta. Para Ibn Razín «este caldo se bebe porque es muy provechoso».[207] El Anónimo también hace referencia al consumo del caldo de los garbanzos o su reutilización en la elaboración de otros platos: «los que quieren con él aumentar sus fuerzas, sólo toman su jugo y lo añaden a la carne y hacen con él un plato o una empanada».[208] En el mismo texto se cuenta la anécdota de cómo en la época de Abd al-Rahman III se llevaban a las cocinas del palacio cada día cinco sacos de garbanzos cuyo jugo se les daba a los enfermos y a los pobres.

Las lentejas apenas aparecen mencionadas en los recetarios, aunque su consumo debió ser habitual a nivel popular preparadas en sencillos guisos como los que recogen Ibn Razín y el Anónimo. En uno y otro caso, las lentejas se guisaban sin carne, por lo que podemos calificar a estos platos como

---

203 *Ibidem*, pp. 255 y 256.

204 Anónimo, p. 55.

205 Ibn Zuhr, p. 49.

206 Anónimo, p. 117.

207 Ibn Razín, p. 280.

208 Anónimo, p. 117.

vegetarianos. De hecho, la receta que recoge el Anónimo se denomina *muzawara* (falsificada), por no incluir carne entre sus ingredientes:

> Se toman lentejas escaldadas y peladas y se lavan en agua caliente varias veces; se pone en la olla y se les añade agua sin cubrirlas; se cuecen y entonces se les echa un pedazo de calabaza, o cortadas de acelga o de lechuga y sus partes tiernas, o carne de cohombro o de melón, vinagre, cilantro seco, un poco de comino, canela de la China, azafrán y dos onzas de aceite dulce; se equilibra con un poco de sal, se cuece y se prueba y degusta para ver si agrada su sabor por su equilibrio entre lo dulce y lo amargo, y si no, se refuerza hasta que se iguale, según el gusto, y se deja que se repose su fuego hasta que se enfríe y entonces se presenta.[209]

En la receta que describe Ibn Razín se le añaden al guiso de lentejas con verduras unos huevos escalfados para enriquecer el plato.

Las habas debieron ser consumidas habitualmente por el pueblo y pasaron a formar parte de la dieta de las élites económicas. Según vemos en los recetarios de la época andalusí, se consumían secas, preferentemente en puré, aunque también se preparaban enteras, sobre todo tostadas. En otras ocasiones se utilizaban verdes, tanto enteras, como machacadas. Con las habas secas molidas (*baysar*) se hacía un plato con ese mismo nombre. Seguramente que la forma más sencilla y popular de preparar este plato entonces era el que se sigue haciendo en Marruecos en forma de puré condimentado con sal, comino, pimentón y ajos.

Ibn Razín explica varias formas de hacer el *baysar*. Una de ellas es una sopa desmigada en la que se cuecen las habas molidas con una cabeza de ajos y aceite: «cuando las habas están hechas, se saca la cabeza de ajos, se introduce en la olla un cucharón y se remueven con él las habas hasta que se disuelven y se forma una masa de la consistencia del tuétano».[210] A ese puré de habas se le añade agua caliente y

209 Anónimo, p. 215.

210 Ibn Razín, p. 98.

migas de pan finas, que es lo que lo convierte en una sopa desmigada.

El autor andalusí de Murcia la enriquece con «salchichones pequeños», y termina adornando el plato con «aceitunas de buena calidad». Este plato también se puede hacer, según el autor, sin añadirle los salchichones y poniéndole en el centro del cuenco, un poco de manteca, mantequilla o aceite; unos rábanos y cebollas. Ibn Razín también contempla una variante dulce de esta sopa desmigada de *baysar*, añadiendo leche, en vez de agua caliente, y espolvoreando azúcar por encima y acompañándola con miel, a la hora de comerlo.

Otra versión de *baysar* que recoge el cocinero murciano es un guiso de carne de carnero cocida con sal, aceite, pimienta, cilantro seco y cebollas partidas, al que se le añaden las habas secas molidas. Hay una versión de alcuzcuz en la que se utiliza el *baysar* (habas secas molidas) mezclado con las bolitas de sémola.

Quizás, de alguna versión del *baysar* andalusí, aunque no se recoja su receta, provenga la actual sopa fría, conocida como «ajoblanco», en su versión elaborada con harina de habas.

Imagen 12. Ajoblanco de harina de habas. Sopa fría granadina de origen andalusí. Foto del libro *Cocina con Diego Morales*, Ayuntamiento de Padul (Granada) 2017.

Las habas verdes se utilizan en varios tipos de elaboraciones. En algunos casos se introducía como un ingrediente más, como ocurre en una versión de alcuzcuz,[211] o en una receta de diversos vegetales hervidos y cuajados con huevos, que el Anónimo denomina como «receta jardinera».[212]

Se hacía un plato conocido como *fustuqiya* (de *fustaq*, pistacho) y que a pesar de llevar el nombre del pistacho, no contiene entre sus ingredientes ese fruto seco. Seguramente, como dice la traductora del libro de Ibn Razín, Manuela Marín, el nombre se deba a la coincidencia del color del haba verde y del alfóncigo. Existían dos versiones, una con carne y otra sin ella, pero las dos coinciden en que las habas verdes terminan deshaciéndose en la olla quedando como un puré.[213]

Igualmente se elaboraban platos de habas verdes, sin machacar, muy sencillos: «Se cuecen granos de habas verdes con tallos de ajetes partidos en una olla al fuego, con mucho aceite y un poco de agua, hasta que están hechas y se ha consumido el líquido. Se echan en una zafa y se les espolvorea sal y pimienta».[214] A este plato también se le podía añadir un aliño de vinagre y aceite. En esta y en otras de las recetas andalusíes de habas verdes se pueden haber inspirado los diferentes guisos y sobrehúsas de habas que se elaboran en la cocina popular actual.

En otras recetas vemos que las habas verdes también se podían cocinar maceradas en agua o cociendo las habas enteras con su vaina. Se hacía una receta de habas verdes con el nombre de «cabeza de pardal» o gorrión. En este caso los granos de las habas, después de macerados o cocidos, se parten en dos con un cuchillo y se sofríen en la sartén añadiéndoles algún tipo de aliño más o menos sofisticado.[215]

---

211 Ibn Razín, p. 131.

212 Anónimo, p. 216.

213 Ver Anónimo, pp. 200 y 201, e Ibn Razín, pp. 167 y 278.

214 Ibn Razín, pp. 278-279.

215 Ibn Razín, p. 279.

LOS CONDIMENTOS

Dice el diccionario de la RAE que el condimento es lo que sirve para sazonar la comida y darle buen sabor. En sentido amplio, siguiendo esa definición de la RAE, podemos incluir entre ellos los condimentos aromáticos como son la gran variedad de especias y hierbas aromáticas, y los sazonadores y condimentos preparados como la sal, el aceite, el vinagre, la mostaza, el azúcar y la miel; y las salsas, que pueden incluir algunos de los productos anteriores, a los que se pueden añadir otros componentes de origen vegetal o animal. A ello hay que agregar también el uso como condimento de una gran variedad de alimentos vegetales que en un momento dado se utilizan como aderezo de una receta. Entre ellos resaltamos las cebollas, ajos y jugos de algunas plantas como cilantro o la menta, muy habituales en los recetarios andalusíes, o en tiempos más modernos, otros productos como el tomate y el pimiento, muy utilizados en los sofritos y salsas. Así mismo se utilizan como condimentos frutos secos y frutas, tanto secas como frescas. Inclusive se pueden considerar como condimentos, en sentido muy amplio, la utilización de productos derivados de los lácteos, como la mantequilla, nata, queso rallado; y otros derivados de animales como los huevos, grasas animales o las vísceras de pescado que se utilizaban en la Antigüedad para la confección de la salsa *garum*.

En los recetarios andalusíes se da una gran importancia a la condimentación de los alimentos cocinados, una tradición antigua, muy habitual en la sociedad de la época romana, pero que en Occidente se estaba perdiendo hasta que se revitalizó con la cultura culinaria andalusí. El que cocina —escribía el autor del recetario anónimo— debe conocer «las cosas con que se completa el arte de cocinar [...] la diversidad de alimentos y su sabor, así como las diversas clases de vinagres, los arropes, el almorí, el aceite, el zumo de manzanas, de granadas y de pasas, la mostaza, las especias y todas las raíces para conocer las malas y las buenas».[216]

216 Anónimo, p. 115.

ESPECIAS

Dice el diccionario de la RAE, que *especia* es cualquier sustancia vegetal aromática que sirve de condimento. Pero durante la Edad Media, las especias llegaron a ser algo más que un condimento. La nobleza y las incipientes clases sociales más adineradas de Europa empezaron a usar la gastronomía como un signo de ostentación social y de refinamiento cultural.

Ya no era solo la cantidad de alimentos lo que les distinguía socialmente sino que se recurre al sabor y la estética en la presentación de los platos. Es por eso por lo que las especias adquirían su importancia situándose en el centro de la nueva cultura culinaria de las élites económicas a las que se iban añadiendo la nueva clase de comerciantes que se enriquecían con el cada vez más importante comercio internacional de las especias. No olvidemos que la búsqueda de nuevas rutas hacia Oriente, desde Europa, para conseguir especias, fue lo que provocó el descubrimiento del continente americano. La llegada de especias exóticas al Occidente europeo había estado, durante esa época, en manos del mundo árabe que controlaba su comercio desde el Oriente hacia Occidente a través de al-Ándalus.

En al-Ándalus, en la condimentación de los platos, era fundamental el uso de las especias:

> el conocimiento del uso de las especias es la base principal en los platos de cocina, porque es el cimiento del cocinar y sobre él se edifica [...] en ellas está también lo que distingue los manjares y les da sabor y los mejora; en ellas está el provecho y la evitación del daño.[217]

Además de la potenciación del sabor, las especias y demás condimentos, especialmente el vinagre, se podían utilizar para disimular el sabor de algunos alimentos que iban perdiendo su frescura y calidad, como pasaba con pescados y carnes, al iniciar su proceso de descomposición, o para retrasar

217 Anónimo, p. 115.

ese proceso. Son diversas las referencias que los recetarios andalusíes hacen sobre este tema. Incluso, desde el punto de vista médico también se abordaba la utilidad de las especias y ciertos condimentos para mejorar o disimular los sabores más desagradables de los alimentos, tal y como decía el polígrafo y médico granadino Ibn al-Jatib: «cuando los alimentos tienen mal olor les vienen bien las especias».[218] Sin embargo, una parte de la medicina andalusí no aconsejaba el abuso de las especias en la cocina, una costumbre muy característica de la cocina oriental.

Las especias y condimentos aromáticos más utilizados entonces, y que se siguen utilizando ahora, son azafrán, canela, pimienta, jengibre, cilantro seco, comino, alcaravea, ajonjolí (sésamo), hinojo y anís verde (matalahúva o matalahúga); y plantas aromáticas como el tomillo, orégano, romero, cilantro verde, perejil, hinojo, apio, albahaca y yerbabuena. Algunas de ellas se cultivaban y se exportaban, constituyendo una importante fuente de ingresos para la economía andalusí y otras, que no se producían en al-Ándalus, catalogadas como especias exóticas aromatizantes, como pimienta, canela, nuez moscada, jengibre, espicanardo o clavo, eran importadas.

Por el alto valor monetario al que podían llegar, algunas eran muy propicias a ser adulteradas y falsificadas con sucedáneos, como apuntaba el malagueño al-Saqatí en su tratado de *hisba*:

> Como en nuestras montañas se encuentran productos similares a los enumerados, aunque carezcan de su perfume por las diferencias climatológicas existentes entre sus lugares de origen, los defraudadores los utilizan en sus trampas.[219]

Era muy habitual el uso de los jugos de algunas plantas como condimento, no solo para resaltar el sabor, sino también para dar color a un plato. Especialmente se usaba para ese co-

---

218 Ibn al-Jatib: *Tratado de higiene*, citado por Expiración García Sánchez, «Especias y condimentos en la sociedad andalusí: prácticas culinarias y aplicaciones dietéticas», p. 82.

219 Al-Saqatí, p. 124.

metido los jugos de menta y cilantro verde, aunque también se mencionan en los recetarios jugos de otras plantas como el hinojo o la acelga.

Del comino, se resalta su utilidad para disolver las ventosidades que ocasionan algunos alimentos y la ayuda a la digestibilidad de las carnes, combinando bien con los platos que llevan vinagre y almorí:

> [...] el comino entra en los platos de vinagre y en las salsas sofritas de todo lo que se sofríe con él, de aves y demás carnes, pues, por disolver las ventosidades y por su digestibilidad, va bien con los manjares de vinagre y de almorí.[220]

De la alcaravea, o comino de prado, también se resalta su utilidad para los gases, especialmente para los que producen las verduras, sobre todo la col:

> [...] la alcaravea entra en los platos de col y de verduras para purificarlas y cuando hay col y espinacas en un plato o empanada, es precisa la alcaravea, porque bonifica el manjar, le da sabor y aleja los gases de las verduras.[221]

La mostaza se utilizaba para realzar el sabor de algunos platos y se empleaba «en los asados y demás manjares grasos y pesados».[222] Si era vieja era necesario separarla de las cáscaras antes de majarla y lavarla con agua caliente para que no amargara, e incluso se le majaban algunas almendras dulces para aminorar su amargor y darle un poco de blancor. En otros casos vemos que se le da ese toque dulce mezclando la salsa de mostaza con miel o pasas. En una receta advertimos que la mostaza se utiliza para encostrar un guiso conocido como «plato a la mostaza»:

> Después se cogen migas ralladas de pan leudo y se baten con un huevo y dos cucharadas de mostaza de buena clase. Con esto se encostra la olla y, cuando ha cuajado, se retira de la brasa.[223]

---

220 Anónimo, pp. 115 y 116.

221 Anónimo, p. 116.

222 *Ibidem*, p. 218.

223 Ibn Razín, p. 170.

La pimienta era la especia más utilizada en las distintas recetas andalusíes que nos han llegado. Es originaria de la India y llegó a Europa traída por griegos y romanos. Era un producto de lujo, por eso no creemos que fuera un condimento muy utilizado en la cocina popular, a pesar de que aparezca, como hemos dicho, como el más utilizado en los recetarios andalusíes y, antes, en el recetario de la época romana *De re coquinaria* donde la tercera parte de las recetas contienen pimienta. Así observamos como en muchas recetas andalusíes, especialmente las de carne, se utiliza la pimienta junto con la sal y otros clásicos de la cocina actual, como la cebolla y el aceite, para guisar o sofreír la carne a la que se le añadía algún otro condimento como el cilantro, azafrán, vinagre y otras especias y hierbas aromatizantes, según la disponibilidad y el gusto del cocinero.

El azafrán era la especia más valorada económicamente y, por lo tanto, más falsificada. Debido a ello es por lo que vemos en los tratados de *hisba* que los encargados de los zocos debían vigilar a los vendedores para que no adulteraran o falsificaran esta especia.[224]

Al-Ándalus tenía una gran producción de azafrán. Era muy apreciado por su calidad el que se producía en Toledo. En Guadalajara, según al-Idrisí, se producía mucho azafrán «destinado a la exportación».[225] En Andalucía se cultivaba en cierta cantidad en la zona de Baeza, en cuyos campos se producía mucho azafrán, según el geógrafo al-Idrisí; pero sobre todo se cultivaba en Baza donde «era tan abundante su producción que bastaría para el consumo de todos los habitantes de al-Ándalus», según contaba el geógrafo oriental al-Umari (siglo XIV).[226]

Se utilizaba, especialmente, para resaltar el sabor y dar color a algunos platos. En los recetarios andalusíes se hace referencia a una especial utilización conjunta del azafrán y el vinagre para resaltar el sabor del plato. Para el autor del

224 Ver Al-Saqatí, p. 124.

225 Idrisí, p. 179.

226 Expiración García Sánchez (1995), «La gastronomía andalusí...», p. 53.

recetario Anónimo, el azafrán se emplea en muchos guisos que llevan vinagre, «y en los completos y en los terciados» (que también llevan vinagre), «y en los de relleno y en los platos de gallina, en los que entra el vinagre». Para él, el azafrán solo se pone al principio con los demás alimentos y especias, y no como hacen algunos que «disuelven el azafrán en agua y entonces lo ponen en la olla al final de la cocción».[227]

Entre las hierbas aromáticas hemos de resaltar el gran consumo de cilantro (o culantro), que podía utilizarse seco o fresco. Para el autor del Anónimo, el cilantro seco era una especia muy utilizada en aquella época en la mayoría de los platos, especialmente en la *tafaya*, «el cilantro seco entra en todos los platos y es la especialidad de la *tafaya* y de los rellenos», porque según él «va bien para los manjares en el estómago».[228]

Se cultivaba en los huertos. Se podían utilizar sus semillas, pero la forma más habitual era utilizando las hojas, verdes o secas, o exprimiendo el jugo de la planta verde. Su uso estaba muy extendido, incluso entre los cristianos andalusíes, pasando a formar parte de algunos platos de las cortes cristianas, como se ve en el libro de cocina de Ruperto de Nola. Aunque parece ser que la asociación que hizo la Inquisición del consumo de cilantro con prácticas judaizantes ocasionó que tanto los cristianos como los moriscos utilizaran menos esta hierba típicamente mediterránea y se pasaran más al perejil. A pesar de ello, en Portugal se ha seguido usando el cilantro como condimento habitual del mismo modo que se usa mayoritariamente el perejil en el resto de la península, aunque se ha seguido utilizando en algunos sitios, especialmente de Andalucía, donde se le conoce con el nombre de culantro, igual que se le conocía en la época andalusí. Hoy, curiosamente, vuelve a utilizarse más esta hierba reintroducida por la emigración, especialmente sudamericana, en un viaje de ida y vuelta.

227 Anónimo, p. 116.

228 Anónimo, p. 115.

De las diferentes variedades de menta, la más utilizada en al-Ándalus era la conocida como *na'na'* (yerbabuena), así recogida en el *Vocabulario arábigo* de Alcalá Venceslada, y es como se le ha seguido llamando en Andalucía y otras zonas del sur peninsular.

Un uso muy habitual de la menta en esa época era utilizando su jugo para incorporarlo a un guiso, aunque también se utilizaban brotes de la planta, como se sigue haciendo actualmente para darle sabor. Su uso aparece incorporada en algunas recetas, especialmente en varias que el Anónimo califica de «judía», o utilizada para adornar un guiso: «se espolvorea con pimienta y canela y se adorna con brotes de menta y se presenta».[229] La utilización de esta planta aromática y digestiva era tan importante en la cocina andalusí que, incluso, hay recetas que se denominan «plato a la menta» en el que el caldo que se usa es una infusión de menta.[230]

Aunque era más habitual el cilantro verde en los platos andalusíes, también encontramos en algún caso la utilización del perejil. Ibn Razín lo utiliza en la elaboración de una salsa, junto con el cilantro fresco:

> Después se cogen cilantro fresco y perejil (que en la lengua de los cristianos se llama *bushin*), se machacan y se exprime su jugo sobre los ajos. Esto se espolvorea con mucha pimienta. Se pone vinagre de agraz fresco con los ajos y los jugos, y se bate todo hasta que se mezcle bien.[231]

El murciano utiliza para denominar a este condimento líquido el nombre romance de «salsa» pues, como él mismo dice, su preparación era habitual en la cocina de los cristianos: «Esto lo consumen mucho los cristianos con la gallina asada, la carne asada, el cocido o el pescado. Este caldo que llaman salsa es de sus mejores comidas, por el calor que

229 Anónimo, p. 95.

230 Ver receta en Ibn Razín, p. 154.

231 Ibn Razín, p. 147.

contiene».[232] A pesar de que se pudiera considerar el consumo de perejil más propio de los cristianos, debería consumirse también por parte de la población musulmana, mucha de ella de origen cristiano, pues el vocabulario arábigo-castellano de Pedro de Alcalá incluye la voz *perexil yerva*, y además se hacían salsas vinagretas con perejil, como las que se hacen actualmente.

Dentro del uso de hongos nos encontramos la trufa. Este hongo aromático era muy apreciado en la época andalusí. Ya se consideraba entonces que tenía algo de afrodisiaco. Manuela Marín recoge algunas anécdotas de la época como la del sevillano Ibn Abdun, autor de un tratado de *hisba* en el siglo XII, que advertía que no se debía vender trufas cerca de la mezquita aljama «por ser un fruto buscado por los libertinos».[233] En el siglo X, durante el califato, el historiador de esa época Ibn Hayyan, descalificaba a los seguidores del visir de Hisham III diciendo que «su religión era el alzar la copa, disponer tapices de mirto, guisar trufas [...]».[234]

Su uso en la cocina aparece en varias recetas del Anónimo, una titulada «plato con trufas y carne», y otra con el nombre de «plato de carne de cordero con trufas», que son muy parecidas. El recetario de Ibn Razín anuncia un capítulo «sobre los platos de trufas», que desgraciadamente no se conserva. Aún así, el murciano incluye en varias recetas de carne el uso de la trufa.

El vinagre en la cocina andalusí

La utilización del vinagre en la cocina andalusí es muy habitual, ya sea como forma de conservar más tiempo un alimento, como es el caso de los escabechados y los encurtidos; o para ablandar algunas carnes, o para dar sabor ácido a salsas o guisos o, incluso, para uso de farmacia:

232 *Ibidem.*

233 Ibn Razín, p. 161, nota 133.

234 *Ibidem.*

> En cuanto al vinagre es bueno para cocinar y para otros usos de la farmacia, como los jarabes de vinagre y el vinagre de cebollas silvestres; el blanco se hace de uva blanca y se emplea en los dulces, puro, sin que se mezcle con agua; el vinagre se necesita en los manjares, cuando se les hace una costra y son perjudiciales para el estómago, pues les hace ganar fuerzas y sabor, con lo que gustan, o cuando se necesita aligerarlo o rebajarlos sin calentarlos. Cuando se pone el vinagre en el sikbaj, refuerza la acidez en grado sumo, y se regula cuando se junta con dulces y mucha grasa.[235]

Además de los tipos de vinagres que se citan en este texto del recetario Anónimo, este se podía sacar de otros productos como la lima, el membrillo, la pera o la manzana. Por ejemplo, en algunas recetas se utiliza el vinagre de agraz, hecho con el zumo de las uvas verdes o, como señalaba Maimónides, con manzanas verdes. Avenzoar resaltaba las propiedades del vinagre de pera como un potente tónico estomacal. Sin embargo, los más usados eran los de vino, aunque esa procedencia no la suelen mencionar explícitamente.

Es curiosa la recomendación que hace el autor anónimo del recetario andalusí sobre la utilización del vinagre para potenciar el sabor de la carne:

> Otros hay también que ponen el vinagre y almorí al fin, al completarse la cocción, y queda el gusto del vinagre crudo en la salsa y no entra en la carne nada de su sabor, y calculan que, si se pone al principio, se va su acidez y disminuye su gusto, lo que no es como lo creen, sino que el agua del vinagre se refuerza su acidez y desaparece lo que tiene de gusto graso y pesado y hace desaparecer su sabor al cortar la carne y lo demás que se cocina con él.[236]

Los edulcorantes: el azúcar y la miel

El cultivo de la caña de azúcar en la península fue introducido por los andalusíes. Su cultivo existe, al menos, desde el siglo X, ya que aparece mencionado en el *Calendario de*

235 Anónimo, p. 118.

236 Anónimo, p. 116.

Córdoba y en los tratados agrícolas de la época. Su producción, por motivos climáticos, se concentraba especialmente en las costas mediterráneas de Málaga, Almería y Granada, zonas en las que se ha seguido plantando este cultivo hasta hace poco tiempo, aunque ha ido menguando su producción paulatinamente hasta casi desaparecer en la actualidad. El agrónomo sevillano del siglo XII, Ibn al-Awwam, menciona la existencia de «ingenios» o «trapiches», que eran los lagares donde se procesaba la caña de azúcar para extraer su zumo, situados en la parte baja del Guadalquivir, por lo que habría plantaciones de caña también en esa zona.

En las costas levantinas había plantaciones de caña desde la época andalusí. El Reino de Aragón potenció la producción de azúcar, en el siglo XV, en la costa valenciana. Muchos de los trabajadores de los trapiches valencianos eran moriscos, por lo que la producción de azúcar en esa zona descendió drásticamente en el siglo XVII a raíz de la gran expulsión.[237] En esa época se introdujo el cultivo de caña de azúcar en las islas atlánticas de Madeira, Azores y Canarias, y de ahí dieron el salto a América.

En la época nazarí había una cierta producción de azúcar en el Reino granadino, sobre todo en Almuñécar, que según Jerónimo Münzer era «muy conocida por su producción de azúcar, cuyas cañas alcanzan a veces seis y sietes codos de longitud y un grueso como la muñeca».[238] El geógrafo del siglo XV al-Himyari relata que en la misma vega de Granada se llegó a producir azúcar, una afirmación difícil de creer por las condiciones climáticas de esa zona, poco propicias para su cultivo:

> Se pueden ver allí incluso plantaciones de plátanos, caña de azúcar y otros cultivos análogos, de tan buena cosecha como los que se encuentran en las zonas marítimas.[239]

---

237 Sobre este tema ver Carmen Barceló y Ana Labarta «Azúcar, "trapigs" y dos textos árabes valencianos», *Sharq al-Ándalus*, Nº 1 (1984) pp. 55-70.

238 Jerónimo Münzer: «Viaje por España y Portugal en los años 1494 y 1495». *Boletín de la Real Academia de la Historia*, p. 98.

239 Al-Himyari, *Kitab ar-Rawd al-Mi'tar*, p. 58.

El nuevo edulcorante tuvo, en principio, un uso farmacéutico como remedio para algunas enfermedades y como excipiente en numerosas preparaciones. Después se fue integrando paulatinamente en la dieta andalusí de la alta sociedad para ir gradualmente incorporándose a la cocina tradicional para endulzar numerosos platos, a medida que aumentaba su producción en la Península.

Imagen 13. Todavía se sigue vendiendo caña de azúcar
en algunos comercios de Almuñécar (Granada).

En los recetarios andalusíes del siglo XIII vemos la utilización del azúcar con bastante profusión. Existen recetas de dulces hechos con azúcar. Incluso se hacían caramelos de azúcar y «enmelados» con azúcar, que competían con los «enmelados» con miel:

> Se disuelve el azúcar en agua clara y se espuma sobre el fuego. Se cuece hasta que, cuando se mete una cuchara, al sacarla se queda el azúcar cuajado en ella.[240]

No solo se circunscribía su uso a la repostería, sino que también se incorporó a guisados, asados, sopas o embutidos, a los que se añadía el azúcar, bien en su proceso de elaboración o en su presentación final antes de ser consumido, espolvoreada por encima. La utilización a nivel popular del azúcar en el siglo XIII la podemos deducir de las recomendaciones que hacía el malagueño al-Saqatí, en su tratado de hisba, sobre el buen gobierno del zoco, donde alerta sobre el posible fraude que se podía cometer en la fabricación de roscos y mantecadas «haciendo el relleno con miel y acemite frito en vez de azúcar».[241]

Había varias clases de azúcar de caña según su preparación. Estaría el primer jugo espesado, sin refinar, que era el clásico azúcar rojo de la caña. Después se sometía el jugo a una segunda o tercera cocción dando lugar al azúcar conocido como *fanid*, o azúcar de barra, nombre del que deriva el dulce conocido actualmente como alfeñique. Si en la tercera cocción se le incorporaba leche y se dejaba hervir hasta que solidificara se conseguía el azúcar refinado, conocido como *quand*, del que deriva el actual arabismo «cande» (azúcar cristalizado).[242]

Una forma muy simple de aprovechar la caña de azúcar era cortándola en trozos por los nudos y una vez mondados

---

240 Ibn Razín, p. 288.

241 Al-Saqatí, p. 119.

242 Sobre este tema ver; García Sánchez, Expiración. «El azúcar en la alimentación de los andalusíes. *Actas del Primer Seminario Internacional: La caña de azúcar en tiempos de los grandes descubrimientos (1450-1550)*. Motril, Casa de la Palma, 1989, pp. 214-225.

se iba masticando y chupando su dulce jugo. Era una manera tradicional que ya mencionaba el granadino Ibn al-Jatib y que los niños que han crecido en las zonas de producción, como las costas granadinas y malagueñas, han seguido disfrutando de la «cañadú» (nombre con el que se ha conocido en esas zonas la caña de azúcar) como si fuera una golosina.

Sin embargo, la miel es el edulcorante más antiguo que se conoce. En la península se recolectaba de los panales silvestres ya en épocas prehistóricas, como se puede ver en unas figuras rupestres de la cueva de la araña (Bicorp. Valencia). Entonces se consideraba que era un rocío que caía sobre las plantas y que las abejas lamían y lo convertían en miel. Esta asociación del rocío de las plantas y el dulzor de la miel vendría por la existencia en la antigüedad de otro edulcorante natural como era el «maná» o «miel de rocío», que era una exudación azucarada que producían algunos árboles como el fresno u otras plantas de zonas desérticas (el famoso «maná» bíblico). El edulcorante «maná» se debió seguir usando en la época andalusí, ya que el bromatólogo nazarí al-Arbulí, lo menciona en su tratado:

> El maná es como el azúcar, más sutil de contextura, y más emoliente que el azúcar.[243]

En la época andalusí, la miel sigue siendo el edulcorante más utilizado en la gastronomía popular, al ser más económico y asequible por su extensa producción a lo largo del territorio, y porque el azúcar, por su reducida producción, no estaría tan al alcance de la población. Además, el empleo de la miel en algunas recetas es más adecuado que el azúcar, especialmente en los «enmelados» y en la elaboración de algunas salsas. Sin embargo, en la farmacopea, el azúcar fue desplazando a la miel por sus propiedades terapéuticas y mejores prestaciones como excipiente.

En la Antigüedad, no solo se usaba la miel como edulcorante natural sino que servía como conservante de la carne

243 «Un tratado nazarí sobre alimentos» (II), p. 38.

sin salar. El recetario de Apicio, de época romana, recoge este uso: «Se cubre de miel la carne fresca que uno quiera conservar, y se cuelga el recipiente que la contiene, de manera que pueda usarse en el momento necesario».[244] El ojimiel, que es una mezcla de vinagre y miel cocida hasta conseguir el punto de jarabe, además del uso farmacéutico y culinario, también se utilizaba como conservante en algunas ocasiones.

La utilización de la miel y el azúcar en la repostería era lo habitual, pero el empleo de los edulcorantes para dar un toque dulce en la elaboración de diferentes platos salados, especialmente de carne, era muy frecuente en la alta cocina andalusí, constituyendo una de sus sabores característicos

Además de la miel y el azúcar, se utilizaban también otros productos naturales para darle un poco de dulzor a ciertos platos. Entre ellos estaban frutas secas como la uva pasa, el higo o el durazno; los jugos y jarabes de frutas; el agua de rosas; aceites dulces como el de almendras; o el empleo de las propias frutas dulces como la ciruela, la pera o la manzana entre los ingredientes de algunas elaboraciones culinarias. Según el viajero Münzer, en el Reino de Granada se producía un tipo de higo «no muy grande, pero de sabor tan dulce que tira al de la caña de azúcar».[245]

El arrope era otro edulcorante que se utilizaba antiguamente para endulzar platos como sustituto de la miel o del azúcar de caña. El arrope se obtenía, principalmente, mediante la cocción a fuego lento del mosto de vino, hasta llegar a la caramelización de sus azúcares, presentando la consistencia de un jarabe. En algunas ocasiones vemos en los recetarios que se utilizaba el arrope de uva como edulcorante en algunos platos de legumbres y pescado.

244 Apicio, p. 10.

245 Münzer, Jerónimo: «Viaje por España y Portugal en los años 1494 y 1495», p. 98.

La sal

La sal se ha utilizado como conservante desde los más remotos tiempos. La elaboración de salazones de carne y de pescado fue una auténtica revolución para la alimentación de la humanidad. Desde las antiguas civilizaciones china y egipcia, hasta hoy, este método de conservación se ha utilizado a lo largo de la historia. Al-Ándalus también lo ha utilizado y a ello le dedicamos un capítulo más adelante.

La sal, además de conservante, se ha ido incorporando a la cocina como uno de los condimentos indispensables. En los recetarios andalusíes vemos la utilización de la sal en casi todos los platos, incluso en algunos dulces.

En aquella época se cocinaba el pescado y algunas carnes con el sistema que hoy conocemos como «a la sal». Ibn Razín recoge una receta de paloma a la sal, y otra de pescado:

> Si quieres asar el sábalo y otros pescados parecidos, coges una teja nueva y la cubres con sal. Después pones el pescado y lo cubres también con sal. Lo metes en el horno y, cuando veas que la sal está solidificada o empieza a estarlo, sacas la teja y quitas la sal del pescado.[246]

Por último, en algunas elaboraciones culinarias de los recetarios andalusíes se utilizan otros productos como condimentos. Se emplean lácteos, como la mantequilla o el queso, para dar sabor o textura a algún plato. También se acompañaban algunos platos con arropes y ojimiel, para rectificar o resaltar sabores.

246 Ibn Razín, p. 241.

3.

La elaboración de los alimentos

LOS GUISOS: COCIDOS Y ESTOFADOS.

En estas formas de cocinar se solían mezclar elementos básicos de la alimentación: las verduras, carnes o pescados y legumbres. A estos tres alimentos se le podían añadir condimentos y especias, según el plato, y en algunos casos también se podían añadir huevos, pan o pastas secas, algún edulcorante y/o frutos o frutas secas. Precisamente, una de las herencias de la cocina andalusí es la utilización de los sabores dulces en platos salados como los guisos de carnes o pescados, a través del empleo de la miel o el azúcar, de frutos secos (almendras, castañas, piñones) y frutas secas (pasas, higos y dátiles, fundamentalmente).

Los guisos, en sus diferentes elaboraciones, eran una de las bases de la gastronomía popular. Su elaboración, más o menos sofisticada en función de los alimentos disponibles y de la capacidad económica de la familia, se realizaba normalmente en las casas, aunque también había cocineros y cocineras profesionales que los elaboraban en los zocos para venderlos. Como estos podían cometer fraude en la cantidad o calidad de los alimentos que se empleaban, o podían ser descuidados en la higiene, se establecían normas de control de su actividad en los tratados de *hisba* o normas del buen gobierno del zoco.

Entre los guisos más consumidos en al-Ándalus está el que era conocido como *tafaya*, también las diferentes elaboraciones de sopas desmigadas o sopas de pan; los diversos tipos de guisos de carne con verduras, algunos conocidos como *mutallat* (terciados o triples); y los estofados y menestras de verduras conocidos como *baqliyyat*.

En la cocina tradicional vemos preparaciones muy semejantes a esos guisos andalusíes, a las que se suelen denominar con el nombre del recipiente donde se elabora el guiso: cazuela, olla, puchero, caldereta, paella, etc., acompañado del nombre del alimento principal o de la verdura que acompaña a la carne. Eso pasaba a veces también en al-Ándalus donde, por ejemplo, el *tajín*, que era el nombre del recipiente (cazuela de barro) ha dado nombre a un tipo de guiso con diferentes alimentos que hoy es muy popular en el Magreb, y que los moriscos romanceados denominaban como cazuela.[247]

En los recetarios se denominan a los guisos con el nombre de la verdura que lleva. Se hacían guisos con nombres como *kurunbiya* (guiso con col); *liftiya* (guiso con nabos); *qunnabitiya* (guiso con coliflor); *silqiya* (guiso con acelgas); *basbasiya* (guiso con hinojos), etc. Hoy se siguen denominando a los guisos con el nombre de la verdura que lleva, como son los pucheros, ollas o potajes de col, de hinojos, de acelgas, de espinacas, etc.

Había unos guisos de carne con verduras o, en otros casos, sin verduras, que eran muy apreciados por la población y se conocían con el nombre genérico de *tafaya*, un plato muy alabado por algunos poetas como Ibn Ammar: «pero siento debilidad por el color verde de los *tafaya*».[248] El *tafaya* de color verde que menciona Ibn Ammar es el que lleva cilantro verde, a diferencia del *tafaya* blanco que lleva cilantro seco molido. El nombre de *tafaya*, que podría provenir, según el arabista F.

247 «Los cristianos nuevos no comen olla sino caçuelas y guisadicos» (García Arenal, Mercedes: *Inquisición y moriscos, los procesos del tribunal de Cuenca*, Siglo XXI editores, 1987, p. 72).

248 *Esplendor de al-Andalus*, p. 318.

Corriente, de un término bereber que significa «caldo de carne» es el que se daba en al-Ándalus al guiso que en Oriente se conocía como *isfidabaya*, que el autor anónimo andalusí identifica con el *tafaya* blanco, y que para él era un alimento moderado y «bueno para los sanos y enflaquecidos».[249]

En el castellano ha quedado el arabismo *atafea*, ya en desuso, en recuerdo de ese nombre. Algunas recetas de guisos en *tafaya* solían tener una complicada elaboración, tanto por la cantidad de componentes como por el tiempo necesario para su confección, por lo que se solía consumir en determinadas festividades, sobre todo en invierno.

En las diferentes versiones de este guiso, recogidos en los recetarios andalusíes, podemos interpretar que unas son con caldo y otras se hacen con el caldo espesado; incluso una de ellas, el *tafaya* verde de Ibn Razín, se ultima con una técnica muy característica de la cocina andalusí, que es el encostrado con huevos.[250] El color verde de este plato se lo da el cilantro fresco verde o el jugo de esa hierba, pero no necesariamente debía llevarlo porque el más habitual era el *tafaya* blanco, que llevaba cilantro seco molido y que el Anónimo califica de «materia y base de todas las clases de cocción» dándonos la receta más básica:

> Se toma carne de cordero joven y gordo; se corta en pedazos pequeños y se pone en una olla limpia con sal, pimienta, cilantro seco, un poco de zumo de cebolla majada, una cucharada de aceite dulce y la cantidad que baste de agua; se pone sobre un fuego ligero y se cuida de moverlo; se ponen en ella avellanas[251] y algo de almendras descascarilladas y picadas; cuando se ha hecho la carne y se ha terminado de cocer, se saca la olla al rescoldo hasta que se enfría. El que quiera esta tafaya verde, le da ese color con agua de cilantro tierno solamente o con algo de agua de menta.[252]

249 Anónimo, p. 121.

250 Ibn Razín, p. 149.

251 En el texto que manejamos de este recetario anónimo, traducido por Ambrosio Huici Miranda, pone «albóndigas», pero creemos que se refiere en este caso a las avellanas, que en árabe es *bundud* y de ahí ha derivado el término *albóndiga* por su forma redondeada, igual que la avellana.

252 Anónimo, pp. 121-122.

Vemos como en esta y otras recetas de *tafaya* blanca el autor indica que al guiso se le añadan avellanas y almendras descascarilladas y machacadas, porque «aumentan su blancura»; insistiendo en otras recetas que es preciso que lo lleven.

La utilización de frutos secos en las salsas de los guisos era muy habitual en la época andalusí y ha seguido usándose en la gastronomía tradicional. La versión del *tafaya* con salsa espesa, en la que se incorporan almendras trituradas para darle sabor y blancor, la podemos ver en guisos tradicionales como la «gallina en pepitoria».

Pero también en este recetario de autor anónimo vienen dos elaboraciones, una caldosa y otra espesa, en donde se utilizan albóndigas y se añaden *sanbusak* (empanadillas). Es el caso de esta receta de *tafaya* verde:

> Se pone la carne en una olla y se ponen con ella especias, cebolla cortada, aceite y palo de ruda; se cubre de agua y se cuece hasta llegar a media cocción; se maja un manojo grande de cilantro verde y se exprime su zumo, que se vierte en la olla; se remueve continuamente, sin descuidarse de removerlo para que no se corte y cuando está cerca de hacerse, le echas las albóndigas hechas y el sanbusak y lo viertes, los espolvoreas con pimienta y lo sirves.[253]

La incorporación de albóndigas y/o torticas de huevo a los guisos es una tradición que se ha conservado en la cocina a lo largo del tiempo. Por un lado era una forma de aprovechar alimentos como el pan duro, y por otro era una manera de «enriquecer» el plato. Las tortillitas de pan y huevo han sobrevivido en la cocina actual, y no sólo como acompañamiento de un guiso o un potaje, sino como plato único, que a lo sumo, se le incorpora una salsa. Hoy hay platos de torticas de pan y huevo con diferentes nombres, según la zona, como «huevos tontos», «repápalos». «tortillitas de San José», «torticas de miajón», panecillos, etc.

En varias de las recetas de *tafaya* se usa la carne de cordero troceada, pero hemos de tener en cuenta que estos

---

253 *Ibidem*, p. 158.

recetarios estaban destinados, sobre todo, a una clase con suficiente poder adquisitivo como para consumir habitualmente carne de cordero. Aunque esta era la más apreciada, y la menos accesible para el pueblo llano, también se contempla el uso de otras carnes, como indica Ibn Razín: «Este plato se puede hacer con carne de cabrito lechal, pollos o gallina».[254]

En otras recetas de este guiso vemos que se utiliza una parte de la masa igual que la que se hace para la albóndiga, pero introducida en la tripa del intestino grueso. Es lo que el Anónimo denomina como «tafaya rellena»[255] y que en la cocina popular tiene su continuidad en diversos guisos o sopas con relleno, con sus variaciones según la localidad. Por ejemplo, en algunos pueblos como el de Algarinejo (Granada) es típica una sopa de relleno que se hace para la Nochebuena. Su receta tradicional, que se ha ido transmitiendo de generación en generación, consiste en un caldo con fundamento hecho de diferentes carnes y huesos, al que se le ha incorporado el cerdo. Con la carne cocida se hace una masa a la que se le añade huevo, y con esa masa se pueden hacer varios tipos de elaboraciones que terminan incorporándose al guiso. Se pueden hacer albóndigas, que se fríen y se agregan al caldo, y con parte de la masa se rellenan los cascarones del huevo, que se añaden también al caldo. Con esa misma masa se elabora tripa rellena o morcón, que se puede incorporar troceado al caldo.

El Anónimo también contiene algunas recetas de *tafaya* de pescado. En este caso se trata de la variedad espesa, tanto en la versión verde como en la blanca. Así mismo, podían incorporarse albóndigas, aunque hechas del mismo pescado:

> Se toma uno grande (pescado), se corta y se escalda un poco, luego se lava con agua fría y se pone en una olla limpia y se le añade pimienta, canela, jengibre, cilantro seco y zumo de cebolla; se precisan las albóndigas hechas de su carne y se le añaden almendras peladas y nueces con piñones desleídos en

254 Ibn Razín, p. 148.

255 Anónimo, p. 159.

agua de rosas o en agua dulce; se le vierte mucho aceite, se mete en el horno y se deja un rato hasta que se seque y se disminuya su salsa y se saca.[256]

Al-Arbulí menciona una variedad de *tafaya* que también podía llevar legumbres como el garbanzo: «Los gallos viejos, si se cuecen en *tafaya* blanca, con garbanzos, eneldo y polipodio, sueltan el vientre y son buenos con el cólico».[257] Aunque al-Arbulí no hace referencia a todos los ingredientes y a la forma de cocinar ese *tafaya*, podemos adivinar en ella guisos tradicionales conocidos con otros nombres como puede ser la adafina o la olla morisca.

En el siglo XIV hay referencias a un plato con el nombre de *adafina* que se vincula a la gastronomía de los judíos sefarditas. A principios del siglo XVI, el párroco de los Palacios, Andrés Bernáldez, menciona en su alegato a favor de la expulsión de los judíos por los reyes católicos que «ansí eran tragones y comilones, que nunca perdieron el comer á costumbre judáica de manjareros, é olletas de afinas, manjareros de cebollas é ajos, é fritos con aceite, y la carne guisaban con aceite».[258]

En este alegato vemos que se acusa de comer a los judíos lo mismo que después se acusaría a los moriscos en otros alegatos de expulsión, por lo que no creemos que la adafina, que era un cocido de garbanzos elaborado con carne de cordero, fuera apreciada solo por los judíos andalusíes, sino que estos lo consumían, especialmente, como un plato que se podía dejar en la olla al rescoldo toda la noche anterior para no tener que encender el fuego en sábado, desde la caída del sol del viernes, prohibido en el judaísmo para guardar el descanso sabático. Lo que sí creemos es que este plato, al poder conservarse en las ascuas de la lumbre toda la noche del viernes para consumirse el sábado, pasó a formar parte de la dieta típica sefardí del *sabbat*. Pero este tipo de cocción

---

256 Anónimo, p. 218.

257 «Un tratado nazarí sobre alimentos» (II), p. 11.

258 *Historia de los reyes católicos D. Fernando y Doña Isabel*, escrita por el bachiller Andrés Bernáldez, Sevilla M.DCCC.LXX, p. 126.

lenta durante toda la noche también la vemos en otras recetas andalusíes como la *harisa*. Además, el nombre de *adafina* parece provenir del árabe *dafinah,* que significa «enterrado o escondido» porque se enterraba en el rescoldo de la lumbre durante toda la noche.

Como pasa con todos los platos en general, existen diferentes variantes de adafina, según tradiciones locales, familiares o de cada cocinero, pero todas comparten los elementos básicos del *tafaya*: carne cortada en trozos cocida con especias y acompañada con otros alimentos, según cada receta particular, ya sea albóndigas, huevos o garbanzos, y en algunas recetas más recientes se le incorporan verduras, incluyendo en algunos casos la patata.

Una de las recetas andalusíes de lo que sería un guiso *tafaya* o potaje de carne con garbanzos, igual que la adafina, es la que se conocía con el nombre de *al-Arabí* (el árabe):

> Se coge la carne de carnero graso que se precise, se corta, se lava, se limpia y se pone en una olla nueva con sal, aceite, pimienta, cilantro seco, un poco de comino, muchos garbanzos remojados, almendras peladas, almorí en mediana cantidad, una cebolla partida, hojas de cidro y una rama de hinojo. [...] Se deja cocer sobre el fuego y, cuando la carne y los garbanzos están hechos, se coge azafrán, se machaca en un almirez de cobre y se echa en la olla para que coloree bien la carne y los garbanzos. Después se retira el fuego de abajo de la olla, poniéndola sobre el rescoldo para que se haga a fuego lento.[259]

Este tipo de guisos se siguieron haciendo en el siglo XVI por la población de origen andalusí, tanto morisca, cristiana, o judía. En un texto anónimo de ese siglo titulado *Manual de mujeres en el cual se contienen muchas y diversas recetas muy buenas* encontramos una receta con el nombre de «olla morisca» que podemos relacionar con el *tafaya* con garbanzos que menciona al-Arbulí, y con la adafina, pero en este caso con carne de carnero y de chivo:

---

259 Ibn Razín, pp. 169 y 170.

> Tomad una olla y poned al suelo de ella una escudilla boca abajo. Y echa dentro diez y ocho onzas de sebo de cabrón o de carnero que sea de la riñonada, y una docena o más de cebollas cortadas en cuartos. Y ponedla al fuego, sea el fuego de carbón, y cueza una hora o más. Haced pedazos tres libras de cabrón, que sea de lomo y del pecho, y otras tres de carnero. Y hechas pedazos, lo echaréis todo junto en la olla y cocerá hasta que esté descocida. Pondréis con ellos unos pocos de garbanzos remojados y la sal que fuere menester. Y como sea cocida, poned en ellas muchas especias de clavos, y canela y un poco de alcaravea. Y esto haréis cuando lo queráis gustar.[260]

Hoy podemos ver un descendiente del *tafaya* más caldoso en las sopas de relleno que se elaboran en algunos pueblos con motivo de la Nochebuena y la Navidad, y el *tafaya* con garbanzos y la adafina podemos verlas, con bastante parecido, en el puchero andaluz y otros pucheros similares como el cocido madrileño, la olla podrida, la olla de San Antón granadina, el cocido maragato, el cocido montañés o el pote gallego y asturiano. Este tipo de cocidos suelen tener el denominado rito de los tres vuelcos, por el que el cocido se sirve en tres veces: primero se sirve el caldo, como sopa, luego las legumbres y verduras, y por último la carne, aunque en algún caso el orden de vuelco se hace al contrario.

Un tipo de cocido relacionado con el *tafaya* con legumbres y la adafina andalusí era la popular «olla podrida», plato muy apreciado en la época moderna, mencionada en el Quijote y en otras novelas de esa época. A pesar del nombre, era un cocido muy «potente», por la cantidad y diversidad de carnes que lleva, como podemos ver en una receta de 1609 del cocinero Domingo Hernández de Maceras:

> Para hacer una olla podrida, se le ha de echar carnero, vaca, tocino, pies de puerco, testuz, longanizas, lenguas, palomas, lavancos, liebre, lenguas de vaca, garbanzos, ajos y nabos si es su tiempo, y la carne que cada uno quisiere; Se ha de mezclar

260 http://www.cervantesvirtual.com/obra-visor/manual-de-mujeres-en-el-cual-se-contienen-muchas-y-diversas-recetas-muy-buenas--0/audio/

todo en una olla y ha de cocer mucho: llevará sus especias; y después de bien cocida, se harán platos de ella, con mostaza de mosto o de otra, y por encima los platos échale perejil, porque parece bien, y es muy bueno.[261]

El recetario anónimo incluye un tipo de guiso muy popular en su época que se conocía con el nombre de *mutallat.* (el terciado o el triple), que básicamente es un guiso de carne con verduras condimentado con especias, especialmente el azafrán, y con vinagre: «Todo plato que se cocina con carne, azafrán, vinagre y hortalizas, como los nabos, berenjenas, calabazas, zanahorias o cabezas de lechuga sin sus hojas, se llama terciado».[262]

Precisamente, la diferencia entre este tipo de guiso y otros que se comían en la época es la incorporación del azafrán y el vinagre que le daban un sabor especial. Justamente, esos son los condimentos que lleva una receta del siglo XVI, recogida en el *Libro de guisados*, de Ruperto de Nola, que denomina como «potaje de culantro llamado tercio».[263]

Por ejemplo, en la receta de carne con col blanca (repollo), que equivaldría a lo que hoy es un puchero de col, sin legumbres, el Anónimo aclara que «el que quiera este plato terciado, le añade vinagre y azafrán».[264] Aunque se podía hacer este guiso con varios tipos de verduras, parece ser, por lo que dice el autor anónimo del recetario, que la forma más apetitosa de hacer el terciado era con berenjena y calabaza: «Hay quien lo prepara con berenjena y calabaza juntas y ese es el terciado de verdad».[265]

La popularidad de este plato la podemos deducir por las referencias que hacen de él algunos poetas andalusíes. Por ejemplo, Ibn Quzman menciona en un zéjel el *mutallat*, aunque en este caso se refiere a una versión de la receta en la

261 Hernández de Maceras, Domingo, *Libro del arte de cozina*, p. 55.

262 Anónimo, p. 268.

263 Ruperto de Nola, p. 21.

264 Anónimo, p. 269.

265 Anónimo, p. 268.

que se emplea como verdura el nabo.[266] Otro poeta que también menciona en el siglo XI este guiso es Ibn Ammar, aunque fuera para declarar su animadversión por el azafrán: «Encuentro detestable», decía Ibn Ammar, «el *mutallat* a causa del azafrán».[267]

La receta de este plato que nos ha transmitido Ibn Razín es la elaborada con nabos, a la que se le añaden huevos batidos con especias para encostrar el guiso.[268] El murciano también menciona la posibilidad de hacer el *mutallat* con pescado, en vez de carne.[269]

Otro de los guisos que se cocinaban en esa época, muy parecidos a los anteriores, era el conocido como *baqliyyat*, nombre genérico que recibían los estofados de menestras de verduras condimentadas con especias y acompañadas de carne. Se podían hacer con calabaza, col, nabos, espinacas, espárragos, cardos, alcachofas, bledos o berenjenas.

Muchos guisos andalusíes de carne o pescado se ligaban con pan migado y se les añadía huevo, tanto escalfado como cocido y picado, costumbre que ha quedado en platos actuales.

LOS ASADOS

El asado es quizás la técnica más antigua de cocinar los alimentos, especialmente la carne, ya que es una manera sencilla de prepararlos. Todas la civilizaciones han utilizado el asado, ya sea a la parrilla, al horno, u otras formas como con el espetón o hierro largo y delgado que se usa para ensartar la carne o el pescado.

En al-Ándalus, recogiendo esas tradiciones antiguas compartidas por las distintas civilizaciones, también se utilizaban varias formas de asar. En las casas andalusíes más

266 Ver María Jesús Rubiera en su artículo «La dieta de Ibn Quzmán», p. 131.

267 *Esplendor de al-Ándalus*, p. 318

268 Ver receta en Ibn Razín, p. 142

269 Ver receta en Ibn Razín, p. 246.

pudientes era más habitual la existencia de un horno grande, pues se cocía en él también el pan, pero en las ciudades no era tan normal para la mayoría del pueblo tener un horno fijo de ciertas dimensiones y, por lo tanto, lo habitual era que se llevara a cocinar al horno comunitario. Pero cuando se trataba del asado de piezas pequeñas o grandes, troceadas, se utilizaban otras formas de asar de tipo casero, empleando una parrilla o un espetón sobre las ascuas de la lumbre, o recurriendo a una cazuela que se coloca sobre trébedes, en la lumbre, o usando un hornillo portátil conocido en al-Andalus como *annafih*, término del que proviene el actual anafre o anafe.

En algunas viviendas también se utilizaba otro tipo de horno de origen oriental conocido como *tannur*. Este horno, podía ser portátil o fijo, encastrado en el suelo o en poyetes, pudiendo ser de boca ancha o pequeña.

El asado andalusí no deja de ser, básicamente, una continuación del que se hacía en la época romana. Marco Gavio Apicio aconsejaba que el asado al horno debía hacerse sin salsa, con mucha sal y rociada con miel. En el caso del asado a la parrilla, Apicio aconseja cocer primero la carne con especias para que coja el sabor de estas y después asarla: «Poner a cocer la carne con agua (en la que se han introducido diferentes especias), luego asarla ligeramente con sal; espolvorear pimienta y servir». En otra receta acaba echando por encima de la carne recién asada la salsa preparada con las especias:

> Se cuece la carne con agua. Se prepara en una sartén pimienta, finas hierbas, miel, garum, y se pone al fuego hasta que llegue a la cocción. Seguidamente, una vez haya alcanzado la carne su punto, se puede asar sin el preparado de hierbas, de manera que se le echará por encima estando seca y caliente.[270]

En los recetarios andalusíes se recogen varias recetas en las que se emplean diferentes formas de asar. Una de ellas es un artilugio (asador) al que hay que dar vueltas continuamente

270 Apicio, p. 59.

para que se haga por todas partes a la vez. Otras veces se refiere a un asador en forma emparrillada donde se meten los trozos de carne, y en otras ocasiones se describe una pieza alargada de madera o metal (el espetón) donde se ensarta el animal (un pollo o una liebre, por ejemplo) y al que se le da vueltas sobre el fuego. Cuando se emplea el asador se suele utilizar el carbón, igual que en las actuales barbacoas, y se recomienda vigilar para que la carne «no toque el fuego y se queme».

Uno de los asados muy apreciados, aunque considerados de lujo, como hoy, es el asado de cordero, que también se vendía en los zocos por piezas, aunque la mayoría de la población sólo lo consumía en fiestas señaladas como la pascua del sacrificio del cordero.

Cuando se hace a la brasa, la carne suele quedar más reseca, por lo que vemos en las recetas andalusíes que se recomienda adobar antes las piezas de carne que se vayan a asar:

> Se toma carne de un animal joven y gordo y se corta con el cuchillo, en filetes delgados, de modo que la carne esté mezclada con grasa, sin hueso, de las partes tiernas, carne de paletilla y de cadera o cosa parecida. Se coloca en una olla y se vierte sobre ella lo que haga falta de almorí macerado, vinagre, tomillo, pimienta, ajo picado y un poco de aceite; se adoba todo y se rebozan con ello los filetes; luego se ordenan en el asador de modo que no se metan los unos entre los otros para que les llegue el fuego y se da vueltas al asador con ellos a fuego de carbón, en vueltas continuas, hasta que se cueza y se tueste y se engrase con esta salsa o en un condimento de mostaza y pasas, ya preparado, y se sirve.[271]

En algunas recetas en las que se asa una pieza grande, como un cordero o un costado de carnero joven, se utiliza una «sartén» o una cazuela grande que se mete en el horno. Para el autor Anónimo «es el asado más notable que existe, porque su grasa y su tennor quedan en el fondo de la sartén y no se pierde nada en el fuego, como en el asado de asador y de tannur».[272] Sin embargo, para otros autores

271 Anónimo, p. 60.

272 *Ibidem*, p. 61.

como al-Arbulí, el asado a la brasa «es más alimenticio que el asado al horno, y más lento de digerir».[273]

El asado al horno era la forma de que la carne mantuviera la jugosidad de la salsa con que se sazona introduciéndola en una olla con todos sus aliños y llevándola al horno. Ese sería el caso del típico «pollo al horno»:

> Se toma una gallina limpiada, que se deja entera; se corta su pechuga y se atraviesa con madera por todos lados, se engrasa con aceite, almorí macerado, pimienta, azafrán, canela, clavo, espliego y jengibre; se rocía con esto su exterior y su interior, luego se pone en una olla y se le vierte lo que queda de aceite y almorí; se tapa la olla con una tapa bien ajustada y se mete en el horno, dejándolo hasta que se haga la gallina; se saca y se sirve; es extraordinaria.[274]

En otros casos se indica que la tapa de la olla o marmita de barro se ha de «sellar» con una tira de masa. En estas recetas de asados se suele llevar el preparado al horno comunitario, pero en el caso del asado en olla se contempla la posibilidad de hacerlo en casa. Entonces se utiliza la misma técnica que para el encostrado, en la que la tapa de la olla se vuelve del revés y se deposita en ella ascuas de la lumbre para que se vaya tostando por encima y por debajo.

El murciano Ibn Razín señala que las gallinas se pueden asar en espetones, en lugar de hacerlas en el horno. También se puede hacer con conejos, liebres, perdices, ocas y con pescados, que si son de tamaño grande como el atún, se trocea para ensartarlo en el hierro. En estos casos, en que se asa con espetón, se recomienda que el fuego quede a los lados, no por debajo de la pieza, y también se recomienda ir engrasando continuamente la pieza con una salsa, normalmente de aceite y almorí, o hecha de agua, aceite, sal, ajos majados y especias, untándola con una rama de tomillo o con una pluma de gallina u oca: «mientras se asan algunas carnes o pescados, se les unta repetidamente con un aliño, utilizando para ello una pluma de gallina o de oca, previamente

273 «Un tratado nazarí sobre alimentos» (II), p. 16.

274 Anónimo, p. 62.

lavada».[275] Esta misma técnica para engrasar el asado con una salsa se usaba en el recetario manuscrito del siglo XIV, conocido como *El llibre de Sent Soví*, en una receta de cabrito asado.[276] En otras ocasiones, se utiliza manteca fresca para que no quede tan reseca la pieza a asar.

En al-Ándalus se contempla el uso del espetón en el asado de las salchichas (*mirqás*), cuya venta era habitual en los zocos junto con otro plato muy popular en el que se utilizaba el espetón y que se conocía como *asfida*, unas brochetas de carne de despojos, que resultaban muy apetitosas y económicas.

Con respecto al asado de sardinas en espeto, tan característico actualmente en la costa andaluza, no se especifica en los recetarios andalusíes, aunque sí para pescados más grandes troceados. No obstante, hemos de pensar que si el espeto se usaba para el asado de salchichas y otros pescados también se haría con las sardinas, que sí vemos que se asaban a la brasa:

> Si quieres asar pescados pequeños sobre las brasas como las sardinas [...] enciendes el fuego y lo extiendes, quitándole la llama y el humo. Salas el pescado si no está salado y lo extiendes sobre las brasas dándole vueltas hasta que esté hecho y dorado. Si quieres, puedes ponerle ajo y aceite. También puedes comerlo sin esto; hazlo como quieras y que aproveche.[277]

El hacer el pescado a la brasa era una forma sencilla de cocinarlo y una tradición que ha perdurado a través del tiempo desde la más remota antigüedad. En algunas localidades, especialmente en la costa andaluza, el asado del pescado en las ascuas de la hoguera se ha convertido en una fiesta. Se conoce como la fiesta de la «moraga», palabra que procede del árabe andalusí *mawraq*, cuyo significado está relacionado con «asar en el fuego» y ha evolucionado fonéticamente a «moraga», pasando al idioma castellano como un andalucismo que

275 Ibn Razín, p. 60..

276 *El libro de Sent Soví*, p. 107

277 Ibn Razín, p. 241.

significa «acto de asar con fuego de leña y al aire libre frutas secas, sardinas u otros peces».

En otras localidades andaluzas como en las Alpujarras o el Padul (Granada) ese mismo nombre ha quedado como «mauraca», más cercano fonéticamente al árabe *mawraq*, siendo una fiesta en la que se asan frutos como las castañas u otros productos del campo. En Extremadura, la moraga ha quedado asociada a la matanza del cerdo pues consiste en un trozo de carne de cerdo asada que se da a probar a los participantes de la matanza.

En algunas localidades andaluzas existe otro plato con el nombre de moraga, pero que no es un asado, sino una cazuela de pescado. Lo más probable es que esta otra moraga venga de un plato que incluye Ibn Razín con el nombre de *al-murug* y que es un guiso de pescado en la que se utilizan trozos de pescado limpios y escalfados que se añaden a una cazuela a la que se le echa «vinagre, almorí, aceite excelente, pimienta, cilantro seco, unos pocos cominos, dientes de ajo y un poco de orégano y la llevas al fuego. Cuando esté dando un hervor fuerte, pones el pescado y tapas la cazuela con una zafa; lo dejas hacer, que es cosa muy rápida, y lo retiras del fuego». Esta misma receta, comenta el murciano, «se puede hacer con sardinas pequeñas y con anchoas, empleando jugo de cilantro fresco, dientes de ajo pelados y un poco de vinagre»,[278] elaboración muy parecida a la actual moraga malagueña de sardinas.

LOS FRITOS

La gastronomía andalusí era muy dada a los fritos, sobre todo en aceite de oliva, tanto en lo que concierne a los pescados y la carne, como a las llamadas «frutas de sartén». Decía al-Arbulí que «las carnes fritas con aceite son más alimenticias, menos pesadas que las que se fríen con grasa o con manteca, más rápidas de digerir y robustecer el cuerpo».[279]

278 Ibn Razín, pp. 239-240.

279 «Un tratado nazarí sobre alimentos» (II), p. 16.

En los zocos era habitual la venta de frituras (recordemos los papelones de *pescaíto* en las freidurías actuales de muchas localidades andaluzas). A pesar de su popularidad, pues incluso se vendían, además de en los zocos, en los puestos que se instalaban en los sitios de recreo o en las concentraciones festivas, los médicos andalusíes no solían recomendar las frituras, por ser poco saludables.

LOS REBOZADOS Y EMPANADOS

Los andalusíes utilizaban la técnica del *mugaffar,* que significa «cubierto» porque el alimento a freír, que podría ser carne, pescado o verduras, se cubría o rebozaba con una masa, en forma de gachas espesas, hecha de huevo batido y harina o pan rallado, a la que se le añaden especias como pimienta, canela, jengibre, azafrán, cilantro seco y, sobre todo, el omnipresente *almorí* andalusí. En esta técnica podemos ver los actuales rebozados, con huevo y harina; o los empanados, con huevo y migas de pan rallado, a los que se les añadían diferentes especias, una incorporación típica de la cocina andalusí influenciada por la cocina oriental, pero que en los rebozados actuales no se han seguido utilizando habitualmente.

El murciano Ibn Razín recoge algunas recetas con esta técnica en las que podemos ver platos muy actuales como el pescadito frito rebozado:

> Se coge un pescado bueno, el que haya, se escama y se lava con agua y sal. Se abre en láminas a lo largo y se le quitan las espinas. Después se baten huevos en una escudilla, con polvo de harina de adárgama o migas de pan ralladas, pimienta, canela, jengibre, azafrán, cilantro seco y almorí desleído. Los pedazos de pescado se rebozan con esto y se fríen en una sartén con aceite hasta que se doran.[280]

En otra receta podemos ver las berenjenas fritas rebozadas que tanta aceptación tienen en la actual gastronomía andaluza:

280 Ibn Razín, p. 246.

> Coges berenjenas dulces y las partes en láminas a lo largo y a lo ancho. Se hierven en una olla con agua y sal y se tira el agua. Después se coge harina de adárgama y se bate en una zafa con huevos, pimienta, azafrán, cilantro seco, jugo de cilantro tierno y un poco de almorí desleído. Cuando se hace todo como unas gachas espesas, sumerges en ello las berenjenas y las fríes en una sartén con aceite hasta que se dore.[281]

LAS EMPANADAS Y HOJALDRES

Otro de los preparados culinarios que se hacían al horno era la empanada, que es, básicamente, una masa de pan a la que se le añade en su confección alguna grasa y se puede rellenar con diferentes alimentos como carne, pescado o verduras, a los que se les puede añadir huevos, queso, frutos secos y diferentes condimentos. El relleno se cubre con otra capa de masa y se hornea.

En los recetarios andalusíes vienen varias recetas de empanadas que se solían llevar al horno comunitario donde se situaban lejos del fuego para que se hicieran lentamente. A la masa de la empanada se le añadía alguna grasa, que en el caso de al-Ándalus se aconsejaba que fuese aceite: «si está la pasta con algo de aceite, es más sabrosa».[282] Una vez acabada la preparación, antes de meterla en el horno, la parte superior de la empanada se termina embadurnándola con huevos batidos mezclados con azafrán. Este tipo de elaboración culinaria, que se podía comer fría y se conservaba unos días en buen estado, se llevaba en los viajes para comerlas por el camino: «es muy bueno para los viajes; se hace este pan con pescado y se usa para viajar también».[283]

Las empanadas, que también se vendían en los zocos, se podían rellenar, según Ibn Razín, de carne de cordero, de aves como el pollo, pájaros, zorzales, de pescado o queso fresco:

281 Ibn Razín, p. 274.

282 Anónimo, p. 83.

283 *Ibidem.*

> Se coge cualquiera de estas cosas, la que haya escogido, y se cocina de la manera que se prefiera. Después se amasa la harina con agua, sal y levadura hasta conseguir una masa firme. Cuando está a punto de subir la masa, se hace con ella una torta cuyos lados se levantan para contener el relleno. Después se coge lo que se haya cocinado y se le añaden huevos mezclados con especias y coloreados con azafrán o con jugo de cilantro fresco. Se pone todo en el centro de la torta. Luego se hace otra torta más pequeña para que sirva de tapa y se enrollan los bordes de la torta de abajo con los de arriba, retorciéndolos con firmeza para evitar que se salga el relleno. Se cocina al horno.[284]

La utilización de huevos cocidos en la empanada era muy habitual, como vemos en la receta anterior y en otra del Anónimo, donde se introducen frutos secos también en el relleno:

> Se limpia [el pollo] y se despieza y se pone en la olla con pimienta, canela, espliego, cilantro seco, zumo de cebolla y de cilantro, cucharada y media de almorí, y de agua y sal lo que baste; se cuece hasta que esté a punto y se le echa piñones y almendras peladas; luego se maja bien el relleno y se le añade harina blanca y migas de pan escogidas y cuatro cebollas, si son brotes nuevos, y si son ya hechas, dos; se bate todo y se llena con ello la olla, se hierven huevos y se cortan en dos mitades y en cuartos y se hace la empanada, como la primera, a la letra.[285]

Las empanadas se siguieron haciendo en la gastronomía peninsular de los reinos cristianos pues tanto el *Libro de Sent Soví* (siglo XIV) y después el *Libro de guisados* de Ruperto de Nola (S. XVI) ya mencionan la confección de diferentes empanadas rellenas de carne o pescados diversos. Esta elaboración ha quedado en la cocina tradicional de toda la península y ha llegado hasta América.

LAS EMPANADILLAS

Las pequeñas empanadas, conocidas en al-Ándalus como *sanbusak*, nombre de origen persa, es una de las elaboraciones culinarias de origen oriental que han pervivido en la

284 Ibn Razín, pp. 129-130.

285 Anónimo, p. 97.

gastronomía peninsular actual y que se extendieron por el continente americano a través de la colonización española. Se podían hacer saladas, rellenas de carne especiada:

> Se coge carne de relleno o la que quieras, se maja muy bien y se limpian las venas; se pone con ello de grasa cortada como un tercio de la carne y se echa sobre todo ello muchas especias y se añade pimienta, zumo de cebolla, cilantro verde, ruda y sal. Se mezcla poco a poco y se fríe con aceite y un poco de agua hasta que se espese; coge harina blanca, amásala y la igualas con mantequilla muy amasada y con un poco de pimienta; coge de lo que has amasado, como una nuez, y extiéndelo como cosa de medio palmo; coge del relleno como otra nuez y ponlo en medio de la masa, dobla sus extremos sobre ello y fríelo con aceite dulce y arréglalo como quieras, si Dios quiere.[286]

También se podían hacer dulces. De hecho, el murciano Ibn Razín aseguraba que el auténtico *sanbusak* era el dulce, y que el relleno de carne, el que se hacía sobre todo en Ifriqiya, no era recomendable ni sabroso. Estas empanadillas se podían comer solas o incorporadas, en tamaño más reducido, en otros platos.

Hoy es una elaboración muy extendida en la gastronomía internacional y su relleno ha cambiado de unas zonas a otras y de unas culturas a otras. Por ejemplo, en el Mediterráneo es muy habitual el relleno de carne o verduras, pero también el relleno de queso, especialmente en la gastronomía judía. Parece ser que estas empanadillas de queso eran muy habituales entre los sefarditas andalusíes, por ser compatible con las reglas *kosher*, y son las que se han generalizado en la gastronomía judía.

Las empanadillas dulces, que no dejan de ser frutas de sartén, por ser masas fritas, aunque rellenas por dentro, se hacen actualmente en la península. Se hacen en Andalucía, donde se rellenan de una confitura de cabello de ángel o dulce de cidra, conocidas como empanadillas de cabello de ángel, en unos sitios, o como «borrachuelos», en otras zonas,

286 Anónimo, p. 157.

especialmente en Málaga, donde también existe una versión con relleno de batata.

Este mismo relleno de cabello de ángel lo llevan unas empanadillas conocidas como «pastissets de Tortosa», una población catalana en la que quedó una gran cantidad de moriscos. De relleno de boniato se hacen además en la localidad vecina de Amposta.

Imagen 14. Empanadillas dulces de cabello de ángel.

Descendientes de estas empanadillas andalusíes también son los «bartolillos», que se han popularizado en Madrid, y que es una empanadilla frita y rebozada en azúcar con relleno de crema; o las empanadillas canarias típicas de Navidad, conocidas como «truchas», rellenas de batata o boniato con almendras.

EL HOJALDRE:

La cocina andalusí conocía la pasta de hojaldre que se utilizaba en algunas recetas como los pasteles de carne, sopas desmigadas o en unos dulces conocidos como *al-mussammanat* (la mantecada). Una de esas elaboraciones con pasta de hojaldre sería la que se conoce en el Magreb como *pastela*, una torta de hojaldre rellena de carne, normalmente de ave, y con cebolla, almendras y aliños, aderezada con un toque dulce. El nombre de *pastela* (*bastelah*) viene del diminutivo romance «pastilla» (pequeña porción de pasta o masa de harina). Federico Corriente lo considera un hispanismo, probablemente introducido en el Magreb por los moriscos expulsados.

En la Península han quedado algunas elaboraciones relacionadas con estos pasteles de hojaldre rellenos de carne. En la huerta murciana sigue siendo tradicional el pastel de carne hecho con masa de hojaldre rellena, en este caso, con chorizo y carne de ternera. También se sigue haciendo en la localidad alicantina de Alcoy, aunque en este caso se utiliza la carne de cerdo para el relleno.

El murciano Ibn Razín describe en una receta la confección de la masa de hojaldre a la que califica de «la mantecada» por introducir la manteca en su confección: «Se amasa sémola o harina de *adárgama* con agua y sal, sobándola muy bien. Después se funde la manteca. Se extiende un pedazo de masa en la artesa, lo más finamente que se pueda, se unta con la manteca por el interior y se enrolla. Se extiende otra vez y se alisa con la mano».[287] Sin embargo, hay otra receta que Ibn Razín denomina *folyatil*, otro nombre de origen romance del que procede la palabra *hojaldre* y en el que el arabista granadino Federico Corriente ve una «evolución de la *massa foliatilis*, del latín vulgar, lo que sugiere otra contribución genuinamente andalusí a la cocina islámica occidental».[288]

---

287 Ibn Razín, p. 114.

288 Corriente, Federico. «La cocina de la lozana andaluza: testimonios y ecos en las dos orillas septentrional y meridional del Mediterráneo». Artículo publicado en *La razón es Aurora. Estudios en homenaje a la profesora Aurora Egido*. IFC, 2017, pp. 545-552.

Imagen 15. Pastela de verduras del restaurante Alquería de Morayma (Cádiar-Granada).

En una receta vemos la descripción de lo que, en realidad, sería la masa filo: «Después se remoja sémola y se hace una masa firme, sin levadura, con un poco de agua. Se hacen obleas finísimas con ella y cada una se unta con manteca. Se ponen en una placa de barro, unas sobre otras, hasta completarlas, y se cuecen así en el horno un poco, sin que lleguen a estar hechas del todo».[289] Este tipo de masa filo (del griego *phyllo*, «hoja») se ha seguido empleando en la gastronomía mundial, especialmente en la del Oriente Medio, el Magreb, zonas del Cáucaso y los Balcanes.

GACHAS Y PURÉS

Las gachas, junto con las sopas espesas, eran uno de los alimentos más socorridos de la cocina popular en la Antigüedad, por la accesibilidad de los ingredientes y la sencillez en

289 Ibn Razín, p. 91.

la elaboración. Su base era la harina de distintos cereales como cebada, avena, trigo o, incluso, arroz; normalmente cocidas en agua sola, en un caldo de carne y a veces en leche, a las que se le pueden añadir otros alimentos.

En la época romana ya se comían gachas, conocidas como *pultes,* de donde derivan los «pulches», uno de los nombres con el que se conocen las gachas actuales. El romano Apicio recoge varias recetas de gachas. Unas llevan, además de la harina, algún tipo de carne picada o machacada, al igual que una versión de la *harisa* andalusí. Otra receta sería lo que hoy son las gachas dulces:

> Echar en una cacerola medio litro de leche con un poco de agua, y hervir a fuego lento. Romper tres galletas de harina dentro de la cacerola. Remover, y añadir agua para que no se queme. Cuando esté cocido, echar miel sin apartarlo del fuego.[290]

En al-Ándalus se usaba para confeccionar las gachas, especialmente, el trigo, ya sea triturado, en harina o en migas de pan. En los recetarios que nos han llegado también hay platos de gachas en las que se utiliza la harina de panizo, de cebada, de arroz o de almendras. Aunque era un alimento de consumo popular, el hecho de que aparezcan con profusión en los recetarios, indica que también eran del agrado de las clases más pudientes, que tienden a enriquecer la receta con la calidad o la variedad de los ingredientes.

Ibn Razín recoge varios tipos de gachas, que se podían hacer con harina, con migas de pan o con sémola, empapadas en un caldo que podía ser de gallina, para darle más consistencia alimenticia, aunque se contempla en otras recetas la utilización, simplemente, del agua como caldo, o de la leche. Así mismo, se contemplan diversas opciones para acabar el plato con acompañantes diferentes. Por ejemplo, en una de las recetas se acaba el plato incorporándole opcionalmente un huevo batido, una costumbre muy andalusí; o jugos de plantas como la menta o el cilantro; o haciendo el caldo, en

290 Apicio, p. 43.

vez de con carne, con un hatillo de varias especias para que le de sabor al caldo y que se retira después de dos hervores.

Pero de las diversas recetas de gachas andalusíes, seguramente que dos de ellas serían las más consumidas por la población en general por su sencillez en la preparación. Una era, simplemente, agua y harina, que podía ser de trigo o de panizo. Estas eran las que denominan los recetarios como las «gachas de harina»:

> Se coge una olla nueva, se le echa agua suficiente y sal y se lleva al fuego. Se coge harina de trigo y se pone en un cuenco. Se empapa con agua y se remueve con la cuchara hasta que se disuelve todo sin que queden grumos. Cuando hierve la olla, se le echa la harina disuelta y se mueve con cuidado, procurando que no se pegue al fondo de la olla. Se deja cocer hasta que empieza a espesar. Después se retira y, cuando se ha calmado el hervor, se vierten las gachas en una fuente y se consumen. Quien lo desee, puede añadirles migas de pan; que coja el pan, lo corte con un cuchillo y lo lleve al fuego. Cuando esté dorado, lo desmiga, le pone aceite y lo consume.[291]

Otra de las formas de hacer gachas sencillas y nutritivas en aquella época eran las «gachas de harina y leche fresca» que según Ibn Razín eran denominadas por los andalusíes como *lahtig*, que significa, simplemente, «gachas de leche». Este es otro de los nombres provenientes del latín que los andalusíes incorporan a su vocabulario; en este caso proveniente de *lac-lactis* (leche). Y a eso se refiere la receta andalusí denominada como *lahtig*, a unas simples gachas de leche con harina:

> Se disuelve harina en agua y se pone en una olla nueva sobre un fuego moderado. Después se cuela leche fresca y se añade a la harina disuelta en la olla. Se remueve hasta que se espesa, se echa en un recipiente y se consume.[292]

Relacionados con las gachas hay tres nombres de platos muy extendidos en el mundo islámico: la *asida*, la *harisa* y *la*

291 Ibn Razín, p. 100.

292 Ibn Razín, p. 101.

jasisa, que tienen en común que se elaboran con trigo descascarillado, molido y cocido, y que podían tener una versión dulce.

La *harisa* (nombre que está relacionado con el hecho de machacar o triturar) debe su nombre a su forma de elaboración, ya que se machaca o se tritura el trigo, el pan o la sémola (según el componente básico con que se haga). Este tipo de plato, como pasa en la gastronomía con otras elaboraciones, tiene muchas versiones según el lugar, el tiempo, o el cocinero. Actualmente la versión que más aceptación ha tenido es la que se hace en el Magreb, que varía de la que se hacía en al-Ándalus, ya que es como una salsa espesa en la que se incluye actualmente algún tipo de pimiento picante, un alimento que se ha incorporado con posterioridad proveniente de América.

Sin embargo, la *harisa* andalusí era más bien unas gachas que podían elaborarse con carne o sin ella. El murciano Ibn Razín nos proporciona dos recetas con las dos versiones de *harisa*, que serían las más habituales, y cuyo componente básico era el trigo remojado y machacado. Una de ellas sería la versión vegetariana:

> Se empapa muy bien el trigo, de buena calidad y cernido, con agua en cantidad no excesiva. Se deja un rato y después se machaca en un almirez grande de piedra o de madera, para descascarillarlo. Se cierne otra vez y se sacude. Se pone en una olla grande, con agua que lo cubra de sobra, y se deja en el horno durante una noche. Al día siguiente, se saca y se comprueba que está blando; se mete una cuchara en la olla y se remueve con fuerza para que mezcle bien con el agua que quede. Se le pone algo de sal molida, en proporción, y se sirve en un cuenco. En el centro se pone un recipiente con miel. Se come con cucharas de madera de boj.[293]

Esta receta sería la elaboración más básica de la *harisa* andalusí, la que consumiría la población más pobre, sin acceso habitual a la carne. Como pasaba con otro tipo de recetas, dependiendo del poder adquisitivo de las familias, estas

293 Ibn Razín, p. 139.

se podían enriquecer incorporándoles otro tipo de alimentos. Por eso, el mismo autor reproduce otra receta de *harisa* en la que se introduce, en esa misma masa, carne que se ha cocinado durante toda la noche hasta que se deshace, añadiéndole por encima sebo derretido. Incluso apunta la posibilidad de enriquecerla mucho más:

> Si quieres, coges algo de la harisa, la fríes con aceite en la sartén de los buñuelos y la pones así por encima de la fuente; lo mismo con yemas de huevo y pájaros fritos. Se le espolvorea canela.[294]

En esta receta podemos adivinar algo parecido a lo que sería la croqueta, al coger una porción de esa masa y freírla. Parece ser que esa era una costumbre muy extendida en al-Ándalus, costumbre que el autor anónimo del recetario del siglo XIII reprueba: «Es costumbre de la gente que todas las harisas se hagan con masa frita en aceite; esto aumenta su pesadez y la lentitud de su digestión y el originar estreñimiento».[295]

El Anónimo del siglo XIII también recoge algunas recetas de este plato, aunque entre las que hay no viene ninguna que lleve miel, como la de Ibn Razín. El autor del Anónimo las conoce, ya que serían muy habituales entre el pueblo: «hay quienes prefieren la *harisa* con mucha miel y quienes la prefieren moderada» nos dice; pero añade: «la más conveniente para comer, la más evacuable y más igual es la que tiene dos tercios de trigo y uno de carne».[296]

La versión de la *harisa* con carne cocida desecha y mezclada en las gachas de trigo triturado era la que se vendía en los zocos, en donde los almotacenes vigilaban que se cocinaran guardando esa proporción de dos tercios de trigo y uno de carne.

Como se cocinaba a fuego lento durante toda la noche, y los vendedores del zoco eran muy dados a rebajar la propor-

294 Ibn Razín, p. 195.

295 Anónimo, p. 236.

296 Anónimo, p. 237.

ción de la carne, para ahorrar «costes», se establecía un riguroso control para evitar fraudes en su confección:

> Recubrirán herméticamente [las ollas], echando encima las tapaderas exteriores que cerrarán, pernoctando las llaves en poder del [almotacén] o de su alamín. Cuando llegue el momento de abrirlas, el alamín estará presente, abriéndose de una en una, y se esparce la carne que se trabaja en su presencia.[297]

La carne más habitual que se utilizaba en este tipo de guiso era la de ternera o de carnero, pero también se podía utilizar la de oca o de gallina. Además de la versión de este plato que se confeccionaba con trigo triturado, los recetarios recogen otras variaciones de la *harisa* que se podían hacer con arroz o con migas de pan blanco o sémola.

Entre los tipos de gachas que hacían los andalusíes había una que denominaban *zabazín*, palabra que el vocabulario árabe-castellano de Pedro de Alcalá, de principios del siglo XVI, traduce como «hormigos de masa», el mismo significado que da al *kuskusú* (cuscús) y, que en la entrada de «hormigos», equipara al cuscús.[298] Y es que en la receta de *zabazín*, que recoge Ibn Razín en el siglo XIII, se utilizan unas bolitas de masa seca, como el cuscús, pero un poco más grandes, en forma de «garbanzos pequeños» que se incorporan para que hiervan con «agua suficiente, sal, un poco de aceite, pimienta, cilantro y una punta de cebolla partida [...]. Se revuelve hasta que empieza a consumirse el agua y a juntarse. Después se cortan pedazos pequeños de queso seco de buena calidad y cilantro fresco muy picado y se ponen en la olla; cuando da un hervor, se sirve y se consume».[299]

La receta de *zabazín* andalusí del siglo XIII, o una evolución posterior de ella, quedó en la cocina tradicional en platos como los «hormigos torcidos con azeite», del siglo XVI, especialmente referenciados en *La lozana andaluza*. La receta que ha sobrevivido actualmente con el nombre

297 Al-Saqatí, p. 172.

298 *El Vocabulario de Pedro de Alcalá*, p. 301.

299 Ibn Razín, p. 102.

de «hormigos» no es la que se describe para el *zabazín* andalusí, sino otra que se conoce con el nombre de «harina torcida», que se sigue haciendo en algunos pueblos de Andalucía y Murcia, donde la técnica que se utiliza para conseguir los granos de harina es muy parecida a la que describe en el siglo XIII Ibn Razín:

> En un recipiente apropiado ponemos la harina de trigo duro y la vamos mojando echándole agua con los dedos. Movemos de vez en cuando hasta que la mayoría de la harina se haya granulado. La cernemos con un cedazo, para que sólo nos queden granitos y los tostamos en una sartén, a fuego lento, con unas gotas de aceite de oliva.[300]

Sin embargo, siguen habiendo actualmente platos que se denominan «hormigos» pero en los que la harina no se hace bolitas sino que, básicamente, son unas gachas de agua y sal, en las que se han introducido productos nuevos como la patata, el pimiento y el tomate, y a las que se le añaden embutidos. Eso ocurre en platos actuales como los hormigos de Serón (Almería); los de Alamedilla (Granada) o los de Lorca, también conocidos como *jallullos.*

Además de la «harina torcida» y los «hormigos», con sus variantes, hoy podemos encontrar otros platos que podrían ser perfectamente equivalentes a las gachas andalusíes, con variaciones e incorporaciones nuevas propias de épocas más recientes, como los pimientos, las patatas o la harina de maíz.

Entre las gachas «saladas» tenemos diferentes versiones, según la zona, como son las «farinetas» de la Rioja o de los territorios del antiguo reino de Aragón; las «ajo harina» de algunos pueblos de Jaén, o «ajuarinas» de Bélmez de la Moraleda, o los «jormigones» de Almería.

Relacionadas con las gachas saladas, aunque ya con una textura más espesa, podemos incluir a las populares *gachamigas,* elaboradas básicamente con harina, agua, aceite, ajos, y pimientos, a las que la imaginación popular le ha

300 Receta de «harina torcía» recogida de *La Voz de Almería*: https://www.lavozdealmeria.com/gastronomia/receta/6/andaluza/60/harina-torcida

ido añadiendo, según el gusto y la posibilidad de cada uno, otros acompañantes como carne o pescado. En algunas zonas hay una versión a la que se ha añadido patata, al igual que a las «ajo harina».

La presentación final de la *gachamiga* puede variar según la receta y el gusto del cocinero. Hay una terminación en forma de torta en la que, después de ir removiendo la masa continuamente hasta que se vaya cociendo y perdiendo humedad, se termina aplastando la masa formando una tortilla y dorándola por ambos lados. En otras versiones, la terminación que se hace es deshaciendo la masa, removiéndola continuamente en la sartén para que quede suelta. Esta es la elaboración que se ha generalizado más en las recetas de migas de harina, o en su otra versión de las migas de pan.

También se hacían gachas con otro tipo de harinas como el panizo, que aparece en una receta de Ibn Razín. Seguramente que habría una variante con harina de almortas como las conocidas gachas manchegas actuales o las serranas de Cuenca, que en su origen eran unas sencillas gachas, sin carne, pero que hoy se le añaden diferentes productos cárnicos.

El Anónimo recoge una receta de arroz con leche endulzada con miel que podríamos incluir entre las gachas dulces:

> Se toma arroz y se remoja con agua dulce, que lo cubra un día y una noche, luego se lava y se pone al fuego en una olla o una marmita con agua; se cuece con agua o leche fresca y se le añade de miel limpia, a la que se le ha quitado la espuma, cuatro libras o cinco y se cuece con suavidad a un fuego ligero; se riega, mientras se cuece, con leche fresca hasta que se ligue, se cuaje y se haga una masa; se vierte en una fuente y se remueve con una cuchara y se hace en su centro un hoyo, que se llena con mantequilla tierna derretida y se espolvorea con azúcar molido y canela, y se sirve.[301]

Otra elaboración de gachas dulces, que era popular entre la población andalusí y que se sigue haciendo en el Magreb, era la *asida*, nombre que tiene que ver con el significado de

301 Anónimo, p. 245.

«remover o dar vueltas», porque su elaboración consistía en remover continuamente la harina y el agua o leche caliente, a la que se le añadían otros ingredientes como manteca, miel o azúcar u otros alimentos, especialmente verduras. El Anónimo incluye una receta de este tipo de gachas que seguramente sería la más consumida:

> Se coge el trigo molido gordo ya citado y se le vierte agua que lo cubra, se cuece hasta que se seque el agua y luego se rocía con leche fresca, se vuelve hasta que esté a punto y luego se le añade miel limpia de su espuma y grasa de la carne cocida con su gordura; se repite varias veces hasta que se iguale; luego se le añade mantequilla fresca y azúcar molido, alfeñique blanco y canela molida; se presenta y es un plato bueno.[302]

Dentro de las gachas dulces actuales podemos incluir platos como la *Poleá,* del occidente andaluz, un nombre que viene de *bulyat,* las gachas dulces andalusíes, que Pedro de Alcalá traduce como «puchas». La *poleá* se conoce con otros nombres, según la zona, pero se hacen prácticamente igual. Por ejemplo, en algunas zonas, como en la provincia de Jaén, se conoce como gachas dulces de todos los santos, por ser un plato que se elabora para esa festividad, al igual que los puches castellano-manchegos.

Otros nombres que se utilizan para designar a este plato son las *zahinas,* y la talvina o *tarbina,* de la zona de Almería. Vemos como curiosidad que al-Arbulí, que seguramente era de Arboleas (Almería), recomendaba tomar después de las gachas un poco de jarabe de anís para corregir los inconvenientes digestivos que pudiera ocasionar esa comida. Hoy se ha mantenido esa tradición, especialmente en las tierras almerienses, tomando una copita de anís o incorporando a la receta anís verde (matalahúga o matalahúva).

Probablemente se utilizarían otros líquidos, además del agua o la leche, para hacer otras variantes de las gachas dulces, como se han seguido haciendo en algunas localidades, como es el caso de las gachas de zumo de uva de Algarinejo

---

302 Anónimo, p. 240.

(Granada), las de zumo de higos de Iznájar (Córdoba) o los hormigos dulces de la Rioja, tanto las de arrope o las elaboradas con otros líquidos.

Imagen 16. Gachas dulces andalusíes, conocidas actualmente como Poleá o Tarbinas.

En el capítulo de las gachas hemos de incluir a los purés de legumbres, que también eran habituales en la dieta andalusí más popular, por su sencillez en la elaboración y en los ingredientes, que podían ser garbanzos, habas secas o verdes. Ibn Razín recoge una receta que sería la más popular:

> Se muele la legumbre blanca en un almirez de madera para descascarillarla. Después se cierne, se limpia y se muele como un puré. Se cierne esto y se lava con agua varias veces, hasta que la última agua sale clara. Se pone en agua hirviendo, en una olla grande, y se deja cocer. Cuando está a punto y se ha

> consumido el agua, se sirve en un cuenco y se le echa mantequilla. En el centro se pone un recipiente con miel o arrope de uvas dulces y se come; que aproveche. Quien lo desee, puede ponerle en el centro queso seco rallado, ajo cocido machacado y aceite fino; o diluir el queso y el ajo en agua caliente.[303]

Otra receta de puré de legumbres muy apreciada en la época era el conocido como *baysar,* confeccionado con harina de habas.

Cuando se tenía acceso a la carne también se hacían purés de habas secas molidas y garbanzos molidos, a los que se les añadían trozos de carne cocida aparte: «[...] se remueven los garbanzos con la cuchara para que se fundan del todo; entonces se vuelve a poner la carne y se le echa la cantidad de buen vinagre que se considere necesaria para darle sabor».[304] En otra receta muy parecida, la carne se guisa con sal, aceite, pimienta y cebolla troceada y se le añade su caldo, se le va incorporando la harina de garbanzos, poco a poco, removiéndola hasta que vaya espesando. Se le adereza con azafrán y canela molida, y un poco de vinagre. En la cocina actual de la península, las gachas de harina de garbanzos se han se ha seguido haciendo en algunos pueblos, como en Algarinejo (Granada).

SOPAS MIGADAS

El *tarid*, que significa precisamente «ensopado» o sopa migada, era un plato muy popular en el mundo árabe, con gran estima entre las clases altas y el pueblo, ya que su elaboración y composición podía variar bastante en función de los medios económicos de la gente.

Básicamente, eran caldos, sobre todo de carne, que se espesan con migas de pan sobre las que se vertía el caldo y que podían ser desmenuzadas y finas (una especie de pan rallado) o en trozos más grandes o más pequeños, según el gusto

303 Ibn Razín, p. 139.

304 Ibn Razín, p. 169.

de cada uno. El pan podía ser ácimo (sin levadura) confeccionado en forma de obleas que se trocean. Este pan ácimo se podía elaborar al momento de hacer la receta o tenerlo ya hecho y secado al sol. También se podía usar pan de sémola, que, como el ácimo, se podía hacer en tortas que se agujereaban con un palito para facilitar su cocción. En otras preparaciones se utiliza el pan leudo (con levadura) o «el pan que se tenga» en ese momento, como especifica a veces el autor del recetario, refiriéndose, seguramente, a cualquier pan que se hubiera quedado duro y que se aprovechaba para la sopa migada. En algunas recetas se utiliza el pan hojaldre o el buñuelo de hojaldre.

Este tipo de sopa espesa era uno de los platos preparados que se vendían en los zocos. En las tiendas públicas se utilizaban para el caldo las partes de los animales que eran más baratas, como la casquería.

Entre las recetas de sopas migadas de Ibn Razín podemos ver algunas de las más populares y económicas en las que se utiliza parte de la casquería, como las cabezas, patas, manos, mollejas, higadillos y callos. Era muy habitual, para hacer el caldo, utilizar la cabeza de ternero, de cordero o de cabrito. El líquido se vierte después sobre migas o trozos de pan, quedando un caldo empapado ligero. Se le introduce alguna grasa a la sopa y se le pone por encima los trozos de la carne que se han sacado de la cabeza. Para hacer la sopa migada, los aderezos básicos que se suelen utilizar en la mayoría de las recetas son: sal, aceite, pimienta, cilantro seco y cebolla. En algún caso también se les añade ajo, comino o jengibre, y al final se espolvorea con canela.

En recetas más sofisticadas de sopas migadas se emplean otro tipo de especias y aditamentos como azafrán, clavo, espicanardo, alcaravea, almorí, vinagre, huevos o almendras. En otras se utiliza también mantequilla o manteca, queso y azúcar. En este tipo de recetas de sopas migadas más sofisticadas se utiliza, en la mayoría de ellas, partes o trozos «buenos de carne», tanto de vaca como de cordero; y en varias de ellas se utiliza la carne de aves, especialmente la gallina, el pichón o la paloma. Recordemos que este recetario estaba pensado principalmente para la población de medio y alto poder adquisitivo, por lo que a la misma vez que incluía recetas de platos muy sencillos, otras tenían tal grado de complejidad en la elaboración y diversidad en los ingredientes que escapan a lo que se podría considerar como cocina popular de la época.

En algunas recetas de sopas migadas se introducen verduras. Puede ser solo una verdura, como una con col, otra con espinacas y otra con zanahorias, «si es tiempo de ellas». Hay una receta donde se introducen varias a la vez: berenjenas, hinojo, calabaza vinatera y garbanzos. En otras se utilizan habas verdes, lechuga, hinojo y trufas, junto con cilantro verde. El uso de garbanzos aparece en varias de ellas.

Una costumbre muy habitual en la gastronomía andalusí es el uso de huevos, que también vemos en varias recetas de sopas migadas. Unas veces se cuecen y se utilizan como adorno en el acabado del plato; otras veces se incorporan al plato en forma de tortilla troceada.

Una receta de *tarid* en la que se utiliza una sola verdura, en este caso la espinaca, y a la que se le puede añadir huevo en vez de carne, es la que recoge el Anónimo, especificando que se hacía en Córdoba en los días de primavera, y que confirma la fama de finos gurmés que tenían los cordobeses, de acuerdo con el geógrafo al-Idrisí (siglo XII) que decía que «los cordobeses tienen fama de saber elegir bien las comidas y bebidas».[305]

Esta receta estaba elaborada a base de carne de cordero, espinacas, leche y manteca fresca, aderezada con cebolla, pimienta, cilantro seco, alcaravea y aceite, y si no había carne de cordero se podía hacer «de espinacas y queso fresco, manteca fresca y las especias ya citadas y huevos en vez de carne».[306]

El recetario Anónimo recoge dos platos que podríamos incluir dentro de las sopas espesas y que el autor dice que

---

305 Citado en Expiración García Sánchez, *La alimentación en la Andalucía islámica* (I) p. 170.

306 Anónimo, p. 227.

las preparaban los pastores de la campiña cordobesa, y que él califica de «platos fuertes y pesados, lentos para digerir y muy nutritivos».[307] Uno tiene el nombre de *mu'alak* (el espeso) porque su resultado final es una masa espesa.

En el caso del *mu'alak,* se cuece carne en una olla (en la receta utiliza el cordero tierno) con los ingredientes típicos de la cocción: sal, pimienta, cebolla, aceite y cilantro. Se aparta la carne y en el caldo se introducen migas de pan de trigo y queso rallado, en cantidad suficiente, haciendo una masa hasta que se pierda el caldo. Después se le añade leche y se sigue cociendo incorporándole la carne hasta que quede una masa ligada, muy parecida a lo que hoy es una masa para hacer croquetas. La otra, la denomina como *maqlú* (el frito) porque la masa resultante se fríe como una croqueta. El *mu'alak* o *mu'allak* también lo recoge el recetario de Ibn Razín y lo califica de plato habitual entre los pastores trashumantes.

En verano, cuando abundaban más las verduras, se podían hacer sopas migadas empleando solo productos de la huerta. Ese es el caso de una de las recetas de Ibn Razín en la que, a pesar de su título: «Sopa desmigada de paloma, que se hace en verano con toda clase de verduras», no contiene paloma, ni ningún otro tipo de carne, entre los ingredientes. La elaboración es, básicamente, la misma que las sopas migadas de carne. Se cuecen las verduras, por un lado, y se hacen tortas de masa, por otro. Se desmigan las tortas y se empapan con el caldo de verduras, acabando de emplatar poniendo encima del desmigado los trozos de verdura y espolvoreando con queso.

Las verduras que se emplean en esta receta son la calabaza vinatera y la berenjena, que se incorporan en trozos grandes. Pero también contemplamos la sofisticación de la receta al utilizar otros elementos vegetales «exóticos» como zarcillos de vid, de cohombro, pepino y de calabaza, además de los omnipresentes aceite, ajo, cebolla, pimienta y cilantro.

307 Anónimo, pp. 233-234.

Aunque la mayoría de las sopas migadas se hacían con caldo de carne también las había que se hacían con leche, en la que se desmenuza una masa de pan o pan ácimo:

> Se coge leche fresca y se pone en una olla sobre fuego flojo, removiendo con cuidado. Cuando está caliente, le viertes migas de pan ácimo firme, muy bien desmenuzadas. Debe hacerse el vertido muy poco a poco, hasta completar la cocción y que la leche las desborde. Se espolvorean con azúcar y canela.[308]

Estas sopas migadas dulces, o con un toque dulce, de pan con leche, a medio camino entre unas gachas y la sopa espesa, era un plato sencillo y muy asequible a la población más humilde. Es una comida que tanto nos recuerda a la que se ha tomado tradicionalmente con el nombre de «leche migada», muy socorrida para la alimentación de los niños.

Otra versión de sopa desmigada dulce es la de una receta con habas molidas cocidas a las que se le añade migas de pan. La masa resultante se cuece en leche hasta que la absorbe totalmente y se espesa, Se sirve espolvoreándole azúcar y acompañado con un recipiente con miel.[309]

Un tipo de sopa espesa muy popular y socorrida era la *harira*, que el pueblo humilde cocinaba solo con verduras y alguna legumbre como lentejas o garbanzos. Esta sopa espesa llevaba una condimentación de hierbas y especias, de las que tuvieran disponibles. También se le añadía, según las posibilidades, algo de carne.

Hoy sigue siendo un plato muy popular en el norte de África, especialmente en Marruecos, que ha incluido entre sus condimentos al tomate. En la península, podríamos relacionar a los potajes actuales de legumbres con la *harira*, aunque hay algunos platos como la «sopa moruna» almeriense que se puede considerar una clara descendiente de la *harira* andalusí y magrebí.

Los recetarios andalusíes no recogen un plato sencillo y popular como era la sopa de cebolla, que un calendario

308 Ibn Razín, p. 95.

309 Ibn Razín, p. 99.

anónimo cordobés recomendaba tomar en invierno, resaltando «que es muy útil para la ciática, el dolor de rodillas y de columna, y aumenta el esperma y la potencia sexual».[310] Las sopas de cebolla se han seguido haciendo como un plato típico de invierno para calentar el cuerpo.

Imagen 17. Sopa de maimones granadina.

Hoy podemos ver en la gastronomía otras sopas espesas muy parecidas que podrían estar relacionadas con las andalusíes, como son las conocidas «sopas pobres» de pan, de ajo, de aceite, de cebolla, acompañadas de especias y algún otro producto, según la receta. Entre ellas estarían las sopas de ajo, con sus variantes según la zona, las sopas de maimones; el gazpachuelo; la sopa de gurullos; las cachorreñas, muy conocidas en Extremadura y Andalucía; la sopa de migas cordobesa; las sopas «cocías»; y las sopas de cebolla y ajo gaditanas, muy parecidas a las sopas de ajo castellanas.

310 *Risala fi awqat al-sana. Un calendario anónimo andalusí.* Edición, traducción y notas de Mª Ángeles Navarro. C.S.I.C. 1990, p. 168.

Algunas de estas sopas de pan se llegan a espesar tanto, quedándose sin caldo, que en realidad deja de ser una sopa, como le pasa a las «sopas tostás» de la sierra de Cádiz. Eso mismo es lo que le pasaba a la «sopa fingida» que una andaluza del siglo XVIII, María Rosa Calvillo de Teruel, recoge en un recetario, quizás el primero de España escrito por una mujer:

> Se pone un poco de aceite y se le echan unos ajos, se sacan antes de que estén muy fritos, se echa la sal y el agua con lo que hierve mucho hasta que se embebe dos dedos, después se aparta y en parando el hervor, se le echa un huevo batido con limón, se menea muy bien, se sazona y se le echa el pan dejándolas caldosas y que hiervan a la lumbre lenta hasta que queden sin caldo alguno.[311]

Podemos relacionar con las sopas migadas un plato que en el siglo XIV se conocía como *alideme*, un arabismo en desuso que viene del árabe andalusí *alidam*, con el significado de «alimento que se come con pan» o «condimento para pan». La receta que viene en el *Libro de Sent Soví* (siglo XIV) y que después recoge el *Libro de guisados* de Ruperto de Nola (S. XVI) con el nombre de «*alideme* con huevos» se refiere a una salsa que, aunque no lo especifica la receta, terminaría comiéndose con pan:

> Si quieres hacer alideme con huevos, coge cebollas, perejil, agua, sal y aceite, y ponlo todo a cocer. Maja una parte de las cebollas, el perejil y las especias, y una vez disuelto todo con caldo, ponlo a hervir con agror [vinagre]. Y cuando lo hayas retirado del fuego, júntalo a lo demás, remuévelo y sírvelo en escudillas.[312]

En otra receta de *alideme* del mismo libro, a esa salsa se le incorporan unos huevos fritos encima, al igual que se hace en algunas variantes de las sopas de pan actuales.

---

311 En https://www.eldiariomontanes.es/cantabria-mesa/cocinera-andaluza-siglo-20180702202042-nt.html

312 *El libro de Sent Soví*, p. 53.

ENSALADAS Y SOPAS FRÍAS

En los dos recetarios andalusíes no se recogen específicamente recetas de ensaladas crudas o frías, a no ser que se incluyera alguna en los capítulos perdidos de la obra de Ibn Razín dedicados a las verduras. A pesar de ello, por la gran producción de hortalizas en la época, hemos de suponer que era muy habitual en la dieta andalusí el consumo de ensaladas crudas. Así lo atestiguaba, en referencia a los moriscos, el apologista de su expulsión, el cura Jaime Bleda, que aseguraba que eran muy amigos de consumir ensaladas crudas.

Por los agrónomos andalusíes, que explican en sus tratados la forma de cultivarlas, podemos ver qué tipo de verduras se utilizaban. Se trata de lechuga, endibia, achicoria, armuelle, verdolaga, cebolla, cohombro, pepino, espinacas, nabos, acelgas, lengua de buey e hinojo. Las ensaladas se solían aliñar con zumos ácidos o agrios, en vinagreta aderezada con plantas aromáticas, y de condimentos como la alcaparra, el perejil, ajo, apio. Otro producto vegetal apreciado por los andalusíes era el palmito.

La falta de referencias a la ensalada cruda era habitual también en los recetarios de los reinos cristianos peninsulares. La excepción está en la obra de Juan Vallés (principios del siglo XVI) que recoge varias formas de preparar ensaladas en las que se utilizan lechugas, borrajas, verdolagas, pepinos, cohombros y cebollas. Incluso, en algunos casos, se le añaden frutas como la manzana, la pera o granos de granada. Lo curioso es que en una elaboración se completa con un toque dulce añadiéndole azúcar «lo que bastare para que la ensalada tenga punto de dulce y agro».[313]

Se hacían otro tipo de ensaladas en las que la hortaliza empleada se cocina cocida, asada o frita. En este tipo de ensaladas templadas se empleaba, sobre todo, la zanahoria, la colocasia y la calabaza. Ibn Razín recoge una de colocasia y otra de zanahorias:

---

313 Serrano-Larráyoz, Fernando. (2008), *Confitería y gastronomía…* p. 235.

> Se cortan en pedazos parecidos, sin pelar, se limpian sus corazones y se parte cada pedazo en dos mitades. Se cuecen en agua y sal y se secan. Se fríen en la sartén en aceite fino. Después se les echa vinagre hervido, ajos majados y alcaravea. Se dejan pedazos sin freír, o se ponen después de freír y se adorna con ellos la zafa.[314]

Una receta muy parecida la recoge Juan Vallés (siglo XVI) y hoy se sigue consumiendo como tapa en Cádiz, Sevilla, Huelva, Melilla o Ceuta, donde se les conoce como «zanahorias aliñás», o «zanahorias morunas».

Como curiosidad podemos resaltar la diferente terminología con la que se designan actualmente a varias de las ensaladas de verano en Andalucía, dependiendo del lugar o de la forma de elaborarla, pero que todas coinciden en que se trata de verduras picadas en trozos pequeños y aliñadas: picadillo, en Sevilla; «pipirrana», en Granada y zonas de Málaga; remojón en varias localidades como en Mijas; «piriñaca», en Cádiz; «cascaflote», en Jaén; o «almorraque» en algunos pueblos de Huelva, Sevilla o Córdoba; denominaciones que a veces se comparten con otras zonas de España y que ya cuentan entre sus ingredientes productos procedentes de América como el tomate y el pimiento.

Pero en la denominación de algunos de estos platos existe cierta confusión. En este sentido podemos destacar el desconcierto que hay en la gastronomía andaluza con el nombre de «remojón», que siendo básicamente una ensalada, existen diferencias entre el remojón de Málaga, de Granada, de Jaén, de Almería, o de lugares diferentes dentro de cada provincia.

El nombre de la sopa fría conocida como gazpacho, es, según el arabista granadino Federico Corriente,[315] una voz romance de origen griego introducida en el árabe andalusí, recogido el nombre como recuerdo al contenido heterogéneo del cepillo de la iglesia y que ha pasado en la gastronomía a

---

314 Ibn Razín, p. 277.

315 Corriente, Federico. «Novedades en el estudio de los arabismos en iberorromance». *Revista Española de lingüística*, 26, 1, 1996, p.. 1-13. p. 9.

designar un plato de contenido diverso, aunque en época andalusí, lógicamente, sin el tomate como componente, pero con el vinagre entre sus ingredientes para conseguir una sensación de frescor en la comida. Ese sería el gazpacho que recoge Diego de Guadix, en su *Recopilación de algunos nombres arábigos* (1592) al definirlo como «ciertas migas que usan comer los labradores a el [sic] tiempo de segar y coger los panes, que como son hechas en agua envinagrada o saboreada y azedada de vinagre vale para refrescarles los estómagos contra el grandísimo calor que en aquel tiempo y en aquel exercicio padecen».[316]

Imagen 18. Remojón del Padul (Granada).

316 Citado en el trabajo de la Universidad de Luasanne, sección de español: *Léxico español de la alimentación y el arte culinario tradicionales*. Proyecto de investigación sobre la documentación de los siglos XIII a XVI. https://people.unil.ch/rolfeberenz/muestras/

En su origen, este plato sencillo estaba asociado a las clases humildes trabajadoras del campo que a la hora de comer lo elaboraban con lo que cada uno aportaba, como el pan, ajo, aceite, vinagre y sal, y haciendo un rebujo o gazpacho, machacado y bañado con agua, lo más fresca posible. Seguramente que a este «gazpacho andalusí» se le incorporarían en algunos casos, además de trozos de pan, verduras troceadas que tuvieran a mano, como cebolla, pepino o lechuga, para darle más cuerpo al plato frío, como ocurre todavía con el conocido gazpacho de segadores.

Imagen 19. *El gazpacho*. Dibujo de Ángel Díaz Huertas publicado en la revista *Blanco y Negro*, el 7-8-1897.

En la receta del almorraque, cuando se elaboraba con agua, como se hace hoy el almorraque o «rairrán» de Peñarroya-Pueblonuevo (Córdoba) podemos ver también un referente del gazpacho, pues su elaboración e ingredientes son muy parecidos al «gazpacho arriero» o «gazpacho de segaores» que se sigue haciendo en diferentes localidades.

El gazpacho es uno de los alimentos que Cervantes nombra en el Quijote. No sabemos si el que le gustaba a Sancho

Panza era el que describe Diego de Guadix, que era plato frío, o era un gazpacho caliente de invierno, conocido también como «galianos», que se sigue haciendo en la Mancha, en algunas zonas de Valencia y en las sierras de Cuenca y de Jaén, y que consiste en un guiso caldoso con trozos de pan de torta cenceña desmigada (tortas de pastores o tortas «galianeras» como se conocen en la sierra de Segura), al que se le añade carne de conejo, pollo o perdiz. O también podría ser un «gazpacho de invierno» que se sigue haciendo en Extremadura y en algunos pueblos de Huelva (Cortegana) o de Sevilla (Cazalla de la Sierra), o el típico gazpachuelo andaluz, al que también se puede considerar como un gazpacho de invierno cuando se hace caliente. Estos gazpachos de invierno son descendientes de las sopas desmigadas andalusíes.

Algo parecido ha pasado con otro plato frío conocido como salmorejo, que actualmente lleva tomate, pero que en su origen era una sopa caldosa salada, y que el vocabulario de Pedro de Alcalá asocia a la salmuera, en la entrada «salmorejo o salmuera», por ser una sopa salada, y que sería muy semejante al gazpacho que describe el lexicógrafo y arabista de la época Moderna, Diego de Guadix.

En Córdoba se sigue haciendo un plato muy parecido con el nombre de «mazamorra», que es una sopa fría elaborada con agua, pan duro, ajo, vinagre, sal y aceite, y al que se le pueden añadir, almendras peladas, huevo duro y aceitunas. Esta sopa fría puede tener un origen pre-islámico pues el romano Apicio recoge una receta algo parecida:

> Sacar la miga de un pan alejandrino y macerarla en agua con vinagre. Machacar en un mortero pimienta, miel, menta, ajo, coliantro fresco, queso de vaca salado, agua y aceite. Recubrir de nieve, y servir.[317]

Muy semejante a la mazamorra con almendras, es el conocido «ajoblanco», elaborado con almendras o con harina de habas. Es otra sopa fría muy popular en Andalucía, Extremadura y la Mancha.

---

317 Apicio, p. 29.

Como pasaba con otro tipo de platos populares, las personas más pudientes adornarían estas elaboraciones culinarias con más ingredientes. Adornar un plato sencillo con trozos de huevo duro y con trozos de carne, era una costumbre que se ve en diferentes terminaciones de las recetas andalusíes. Enriquecer estos platos con carne de conejo o perdigón, como se hacía con el «salmorejo jarote» (de Villanueva de Córdoba) también era una costumbre muy andalusí.

LAS SALSAS

La costumbre de elaborar salsas para condimentar determinados alimentos, como la carne o el pescado, viene desde la Antigüedad. Ya en la cocina refinada del mundo romano era muy habitual la elaboración de salsas diferentes, Ese grado de refinamiento en el mundo romano, en relación a las salsas, lo vemos en el recetario *De re coquinaria,* de Marco Gavio Apicio, en el que recoge un tipo de salsa para cada clase de carne o de pescado. En estas salsas siempre había algún elemento líquido, como vinagre, aceite, vino o miel, al que se le añadían diferentes especias, plantas aromáticas, *garum,* mostaza y frutos secos, combinando unos y otros según el tipo de salsa.

Una de las salsas más usadas como condimento, y más mentadas en los textos andalusíes, es la de almorí (*murí*), otro nombre arabizado proveniente de un término latino (*muria*) que a su vez proviene del griego con el significado de salmuera. Es una salsa que tenía una gran tradición desde la época fenicio-tartésica con continuidad en la época romana. Entonces se conocía con el nombre de *garum* y se hacía con intestinos de pescado macerados en salmuera, fermentados al sol y aderezados con especias. Isidoro de Sevilla habla de la salsa *garum,* que en su tiempo era conocida con el nombre de *salsugo* o con el término latino de *muria.*[318]

318 *Etimologías* XX, 3,19-20. Citado en el artículo de Carlos Azcoytia: «Historia y elaboración del garum». En www.historiacocina.com

Parece que había varias formas de elaborar el almorí. En la época fenicio-tartésica y romana era más habitual su elaboración a base de pescado macerado en sal, pero en la época andalusí existían diferentes formas de elaboración, y distintos componentes los que podían utilizarse en una u otra receta.[319]

Aunque los andalusíes también confeccionaban esta salsa a la forma tradicional de la época romana, con pescado, la manera más habitual era el elaborado con harina, de trigo o cebada, o en forma de tortas de pan desmigadas a las que se añadían diversos componentes, como vinagre, miel o zumo de uva.

La elaboración del almorí llevaba mucho tiempo. En algunas recetas que menciona Ibn Razín se habla de meses, aunque también recoge una receta «que se hace en un día y una noche». Quizás era esta la más popular, pero en ella se empleaban tortas de pan requemadas o miel tostada que el autor del manuscrito anónimo del siglo XIII, traducido por Huici Miranda, no aconsejaba: «El almorí que hace el pueblo de miel tostada y pan y otras cosas, no conviene usarlo en absoluto, porque tiende a hacerse negro y no tiene provecho ni sabor penetrante».[320] Este autor recomendaba que el almorí se usara solamente macerado, para mitigar su penetrante olor. Debido a la intensidad del sabor y del olor del almorí, se recomendaba, en la mayoría de las recetas que lo llevan, que se pusiera una pequeña cantidad de él.

El almorí no tuvo apenas continuidad en la cocina peninsular después de la desaparición de al-Ándalus. Apenas hay referencias en algún texto posterior, siendo ignorado en los recetarios cristianos. Es posible que su ausencia posterior fuese

319 Ibn Razín al-Tugibi dedica un capítulo de su recetario a la elaboración de almorí «desleído, cocido, y de otras clases» y recoge hasta 14 recetas distintas para la elaboración del almorí. (Ibn Razín al-Tugibi: *Relieves de las mesas, acerca de las delicias de la comida y los diferentes platos*, pp. 295-304)

320 Huici Miranda, Ambrosio (2005), *Cocina hispano-magrebí durante la época almohade según un manuscrito anónimo del siglo XIII.* Ediciones Trea, S.L. Pág. 117.

por su complicada elaboración o porque su sabor penetrante, demasiado fuerte para muchos paladares, no acabara de agradar y se fuese suavizando su sabor y olor con la incorporación de otros componentes, como ha pasado con su posible sucesor, conocido como salmorejo (de *sal muria*=salmuera), que se ha ido transformando a través del tiempo, entre otras cosas, por la incorporación del tomate.

Otras de las salsas habituales en la cocina andalusí eran la de mostaza y las vinagretas:

> La salsa o condimento de mostaza y vinagre produce cierto calor y hace digerir la comida pesada, corta las flemas espesas y aleja su mal. De las cosas que pueden añadírsele, la ruda y el ajo son los más eficaces para eso. [...] La salsa de salmuera, vinagre y ajo despierta el apetito, es resolutiva, limpia el estómago de flema, y hace digerir los alimentos pesados.[321]

La vinagreta con ajo y perejil se usaba habitualmente como aliño, tanto para la carne, especialmente la asada, como para el pescado. Ibn Razín utiliza en sus recetas varios tipos de salsa vinagreta. En una de liebre asada da la opción de varios tipos de aliños:

> En lugar de aceite y ajo, puedes poner almorí desleído, orégano rallado y aceite. Si prefieres otro aliño, coges queso seco y lo rallas con el rallador; lo disuelves con agua caliente y le pones ajos cocidos majados y aceite. Luego se lo pones a la carne. Para otro aliño, coges jugo de cilantro fresco y de perejil y le pones ajos majados, pimienta y vinagre, echando todo esto en la zafa en que se coloca la carne.[322]

En otra receta se recomienda que la vinagreta se haga con vinagre de agraz, un vinagre obtenido de uvas verdes que se usaba mucho en la Antigüedad y en la Edad Media: «Se pone vinagre de agraz fresco con los ajos y los jugos y se bate todo hasta que se mezcla bien. Si no encuentras vinagre de agraz, usa un buen vinagre espeso»" Los ajos se

321 Díaz García, Amador (1983), *Un tratado nazarí sobre alimentos* (II) pp. 18-19.

322 Ibn Razín, p. 188.

cocían antes un poco «según se desee que estén de fuertes. Cuando se han cocido, se limpian y se machacan en un almirez de madera; una vez bien machacados, se ponen en una fuente. Después se cogen cilantro fresco y perejil, se machaca y se exprime su jugo sobre los ajos. Esto se espolvorea con mucha pimienta».[323]

El autor decía que este tipo de salsa la consumían mucho los cristianos, acompañando a la gallina asada, el cocido y el pescado: «Este caldo que llaman *salsa* es de sus mejores comidas, por el calor que contiene».[324]

Aunque el autor murciano resaltara el consumo por los cristianos de este tipo de salsas vinagretas con perejil, es obvio que los musulmanes también la utilizaban, entre otras cosas, por el origen cristiano de gran parte de la población musulmana (muladíes), y porque su uso aparece en otras recetas, sin especificar que es de «cristianos», como en una que se hacía para acompañar el pescado frito:

> Si quieres, coges tallos de apio, del que se llama perejil, tallos de menta y de ruda y lo majas todo con ajo. Lo pones en una cazuela con vinagre y lo calientas al fuego. Cuando el caldo ha hervido, lo echas al pescado y lo dejas hasta que se enfríe y el pescado lo absorba.[325]

En alguna receta de pescado se utilizaba el aliño básico compuesto de vinagre, aceite y ajos picados. Igualmente se podían aliñar las tortitas *isfiriya* o *ahrash* con una vinagreta de aceite y vinagre a la que se incorporaba, según el gusto de cada uno, un poco de ajo, comino o almorí.

En algunos tipos de salsa se utilizaban frutos secos. Por ejemplo, en una receta vemos que se utilizan nueces peladas que se machacan junto con ajos y queso seco rallado, añadiéndose a la masa resultante un poco de agua caliente y bastante aceite.[326] Este tipo de salsa pasó al castellano con el

323 *Ibidem*, p. 147.

324 *Ibidem*.

325 *Ibidem*, p. 243.

326 Ibn Razín, p. 96.

arabismo «almodrote», procedente, quizás del árabe *al-matrud*, con el significado de golpear o machacar, o, como dice la RAE, del latín *moretum*, arabizado a través del romance andalusí. Ya existía una salsa de la época romana con el nombre de *moretaria*, pero que no lleva queso, como la que describe el diccionario de la RAE: «salsa compuesta de aceite, ajos, queso y otras cosas, con la cual se sazonan las berenjenas». Esta definición concuerda bastante con la salsa que indica Ibn Razín, o con la que recoge, poco tiempo después, el *Libro de Sent Soví*, con el nombre de almodrote.[327]

Imagen 20. La salsa «almogrote» que se comercializa en Canarias, desciende de la salsa almodrote andalusí.

Un plato muy apreciado en la época andalusí eran las berenjenas con este tipo de salsa, un plato que recoge Ibn Razín[328] en el que las berenjenas se aderezan con un majado de queso rallado, ajos y aceite, que concuerda con la definición de la RAE. Este plato, ya con el nombre de «almodrote de berenjenas», se sigue manteniendo en la cocina sefardí, que no olvidemos que también es de origen andalusí. También ha quedado el nombre, aunque ya algo cambiado, en una salsa típica de la Gomera (Islas Canarias) conocida como «almogrote», y que consiste en una especie de mojo elaborado con queso, ajo y aceite de oliva, al que se le añade un toque de pimienta roja picona.

327 *El libro de Sent Soví*, p. 121.

328 Ibn Razín, p. 271.

4.

La conservación de los alimentos

En una época en la que no existían los congeladores como hoy, los andalusíes tuvieron que echar mano de técnicas de conservación de alimentos que se han ido empleando en todas la civilizaciones a través de la historia, para tener gran variedad en la dieta durante más tiempo. La técnica más sencilla y más antigua era la del secado. Para las carnes y pescados, las más usadas eran las salazones, los embutidos y los escabechados. Además se usaba también el aceite y la manteca para conservar algunos alimentos cárnicos. Para la conservación de la leche se elaboraba el queso.

La forma más generalizada de conservar frutas era a través de su secado, como era el caso de las uvas pasas y de otras frutas como los albaricoques y melocotones (los orejones de hoy), higos, cerezas y ciruelas. Como decía el agrónomo sevillano Abu l-Jayr, «las cerezas y ciruelas se secan al sol tal como sucede con las uvas cuando se hacen pasas; luego se recogen en jarras, se tapan y se guardan».[329]

Para guardar los frutos se utilizaban diferentes recipientes de barro, de esparto o de tela. Lo habitual era almacenarlas

329 Abu l-Jayr, *Kitab al-Filaha - Tratado de agricultura*. Introducción, edición y traducción de Julia María Carabaza Bravo. Agencia española de cooperación internacional. Madrid 1991, pp. 312-313.

en dependencias secas y aireadas, situadas en la parte alta de las viviendas, aunque también se almacenaban algunos productos en silos o vasijas enterradas, sobre todo los cereales, leguminosas y frutos de corteza dura.

Existían otras técnicas de conservación de las frutas y verduras frescas, las que habían heredado los andalusíes de épocas anteriores, especialmente de la época romana, y las que habían desarrollado ellos mismos, que ayudaban a tener gran variedad en la dieta durante más tiempo. Por ejemplo, para que algunas frutas duraran más tiempo en el árbol se utilizaba una técnica que ya describía el gaditano Columela, y era la de utilizar pequeñas vasijas de barro partidas por la mitad que se colgaban en el árbol envolviendo la fruta y selladas después. Los agrónomos andalusíes como Abu l-Jayr o Ibn Wafid recogen esa misma técnica de la época romana:

> Si preparas para las manzanas, granadas, membrillos, peras, toronjas y uvas unos recipientes de arcilla, y partes cada uno en dos mitades y las cueces [...], luego colocas en medio de ambos trozos cualquier fruta que esté aún en el árbol, atas ambos y los embarras con yeso y la fruta se conservará fresca y tierna.[330]

También había métodos para que la fruta durara más después de la cosecha. Por ejemplo, uno de los consejos que daba Abu l-Jayr para que algunas frutas frescas como el membrillo y la manzana duraran más tiempo es el de guardarlas envueltas en telas. Esa costumbre se ha seguido haciendo en muchos pueblos, metiendo los membrillos entre la ropa en los arcones y armarios para conservarlos, a la vez que se perfumaba la ropa. Igualmente recomendaba otras formas de conservación, que se han practicado hasta hace poco, enterrando las frutas en virutas de madera de encina o en paja.

---

330 Citado por García Sánchez, Expiración (1994), «La conservación de los productos vegetales en las fuentes agronómicas andalusíes». *La alimentación en las culturas islámicas.* Manuela Marín y David Waines eds. Madrid, 1994, pp. 251-293 Agencia española de Cooperación internacional, p. 279.

Para la conservación de las frutas se utilizaba el azúcar o la miel como conservante, como se hacía en los confitados, especialmente de cidra y calabaza, o el de la cidra más fibrosa, conocida como cabello de ángel. Igualmente se elaboraban compotas y mermeladas.

Con los vegetales se utilizaba, sobre todo, el vinagre como conservante. Se hacían encurtidos, una tradición anterior, que ya venía, al menos, desde época romana.

LAS SALAZONES

La salazón es uno de los métodos de conservar alimentos que se remonta a la antigüedad. Para ello se utilizaba la sal para deshidratar la carne o el pescado. Por eso la sal tuvo una importancia fundamental, hasta el punto que durante el imperio romano se pagaba a los soldados con sal para que pudieran conservar su carne. De ahí viene el término *salario*.

Este método de conservación ya tenía en la Península una tradición reconocida desde la época tartésico-fenicia que mantuvieron los hispano-romanos.

De hecho, el gaditano Columela, en el año 42 de nuestra era, explica el método de conservar la carne o el pescado empleando la sal. Es el mismo que se ha utilizado tradicionalmente hasta ahora:

> Enseguida, así que lo hayas deshuesado lo salarás con cuidado con sal tostada, y no muy menuda [...] se le cargarán pesos considerables para hacer cebar fuera la sanguaza. A los tres días quitarás los pesos, y frotarás exactamente con la mano la carne o tocino salado; [...] lo polvorearás antes con sal molida y menuda, y no dejarás pasar un día sin trotarlo, hasta que esté en su punto. Y si el tiempo fuere sereno durante aquellos días en que se frota la carne, se le dejará en la sal nueve días; pero si fuere nebuloso o de lluvias, [...] once o doce días, sacudirle la sal antes, enseguida lavarla con cuidado, de suerte que en ninguna parte quede sal pegada, y después de haberla secado un poco, colgarla en la despensa de un garabato, donde llegue algún humo que acabe de secar la humedad que pueda quedarle.

Imagen 21. Restos de una factoría se salazones de época romana en Almuñécar (Granada).

En este relato podemos ver el mismo sistema que se ha seguido hasta ahora para la curación del jamón. También explica Columela que la salazón se puede hacer con trozos de carne «apretados unos con otros, y se les echa sal, de suerte que se hagan capas alternativas de esta y de aquellos».[331] Esta forma de conservar la carne en sal también la aplica al pescado.

El método de conservación de la carne y el pescado a través de la salazón perduró en tiempos de al-Ándalus, llegando hasta nuestros días. En la época andalusí se hacía también cecina con la carne. Ibn Razín recoge una forma de su elaboración que difiere de la forma tradicional de la salazón porque el secado se hace al sol.

En unos casos se hacía introduciendo la carne en salmuera y luego secándola al sol. En otros, la salmuera se hacía de vinagre y sal, realizándose primero un proceso de escabechado y luego de secado: «Se corta la carne en fragmentos alargados, lo más finos que se pueda. Se ponen en una artesa con vinagre espeso en suficiente cantidad y sal

331 Los doce libros de agricultura que escribió en latín Lucio Junio Moderato Columela. Libro duodécimo, capítulo 53.

pura molida y se remueve de rato en rato, desde la mañana hasta el mediodía. Después se le espolvorea pimienta, cilantro, cominos, alcaravea y almorí desleído. Se bate todo y se le dan vueltas hasta que absorbe las especias. Se prueba y si le falta sal u otra cosa se le añade. Se deja así el resto del día y de la noche».[332] El proceso termina con el secado al sol durante varios días hasta que pierda toda la humedad.

Ibn Razín nos habla de otra salazón que se conocía como *al-namkasud* pero que, a diferencia de la cecina en la que se utilizan trozos de carne, se hace con la carne del carnero entero o partido en dos mitades, que se entierra en sal para que la cure. Con este método, la carne no queda tan seca como la cecina sino que «queda blanda y grasa, cuando la aprietas te untas la mano y el cuchillo la corta como si fuera carne fresca, no como se corta la cecina».[333] Este sistema es más parecido al que describía Columela y el que se ha conservado para el curado de los jamones de cerdo en el mundo cristiano. Los sefardíes de al-Ándalus, que tampoco consumían cerdo, han mantenido en su gastronomía esta salazón de carne de carnero conocida como *al-namkasud*, por ser la curación de la carne en la sal muy adecuada o *kosher* para ellos.

Aunque también se hacía salazón de carne, el más habitual y el más apreciado era el de pescado. Era muy frecuente la conservación del pescado para su consumo posterior —sobre todo las sardinas, arenques, y bacalao— en los lugares apartados de las costas y los grandes ríos. Ibn Razín dedica un capítulo a la conserva de pescado, aunque desgraciadamente se ha perdido. Lo habitual era conservarlo en salazón.

Había una salazón especialmente apreciada, la de atún, que era capturado, y sigue siéndolo, en la zona del Estrecho por el método de la almadraba, palabra que proviene del árabe andalusí *matrab* (golpear). La mojama, nombre que proviene del árabe andalusí con el significado de «secado» o «lo seco», pero que literalmente quiere decir «encerado» o

332 Ibn Razín, pp. 305-306.

333 Ibn Razín, p. 306.

«hecho similar a la cera», es una salazón que se sigue elaborando actualmente en el sur de la Península, especialmente en Cádiz y Huelva. La mojama se podía consumir directamente, cortada en trozos, o se podían acompañar con un aliño de ajos y vinagre.

Imagen 22. Diferentes salazones de pescado que se siguen elaborando y comercializando actualmente.

Otra forma de conservar la carne que se ha transmitido a lo largo del tiempo, es introduciéndola en manteca. Ibn Razín contempla la posibilidad de conservar las salchichas cubriéndolas con manteca: «Si quieres reservarlas, las guisas hasta comprobar que se les ha consumido el líquido y las pones en una olla nueva. Derrites sebo fresco de buena calidad con sal, de manera que quede completamente seco, y lo echas sobre las salchichas de forma que las cubra. Las reservas en un lugar seco y, cuando quieras consumir alguna, la sacas de la olla y la calientas al fuego [...]».[334]

334 Ibn Razín, p. 192.

En al-Ándalus se le conocía como *alhale* (*al-jalí*). Los moriscos siguieron conservando carne en manteca, costumbre que no pasaba desapercibida para la Inquisición:

> Es una carne que hacen los moros para echar en todos los manjares, como los cristianos tienen su tocino para echar en la olla; o se come con pan caliente por las mañanas, como se comen las mantequillas; y se come en cualquier tiempo y días del año. El alhale se hace de esta manera: que toman los moros carne de cualquier res que sea y quitados los huesos, hacen tasajos con sal, y ponenlo a enjugar y después de seco, lo hacen tajadas y lo cuecen, y cocido en tajadas, después lo fríen en sartén; y si es magro, lo echan sebo para lo freir y después de frito, derriten sebo, según la cantidad que quieren hacer: que sea dos partes más de sebo que de carne y todo junto lo echan en una vasija y se hiela y lo guardan para comer entre año. Dicese que este alhale no se hace por ceremonia de moros, sino por provisión de mantenimiento, como nosotros tenemos el tocino y cecina.[335]

LOS EMBUTIDOS

Además de en salazón, otra forma de conservar la carne para que pudiera consumirse un tiempo después era a través de la elaboración de embutidos, nombre que viene de «embutir», que según el diccionario es «llenar, meter una cosa dentro de otra y apretarla». En este caso lo que se llena es una tripa del intestino de algún animal y lo que se mete es una masa de carne machacada o picada, aderezada con alguna grasa y diferentes condimentos.

No se sabe con certeza desde cuando se elaboraban embutidos pero sí que en el mundo griego, y sobre todo en el romano, ya se consumían. En el recetario de la época romana, *De re coquinaria*, de Apicio, hay varias recetas de embutidos: *Botellum* (morcillas) *lucanicae* (longaniza) *y farcimina* (relleno). El *botellum* romano, traducido como «morcilla», no es el mismo embutido que hoy se denomina con ese mismo nombre y que lleva sangre.

---

335 En *La vida religiosa de los moriscos* de Pedro Longás. Citado por Mª Jesús Rubiera en *La dieta de Ibn Quzmán*, p. 132.

Seguramente que el nombre de un embutido conocido como «botelo» o «botillo» en el noroeste peninsular (Galicia, Asturias y León) venga del *botellum* romano, por ser el romance de esas zonas más cercano al latín, pero la semejanza es solo en el nombre ya que el *botellum* del recetario romano se parece más al relleno andaluz o morcilla blanca de otras zonas, por la incorporación de huevos y porque se hierve para ser consumido enseguida. El «botillo» se parece más al morcón andaluz y extremeño actual, y no al andalusí que sí que llevaba huevo, y por la parte de la tripa utilizada (el ciego) y su curado final en secado, y no por los ingredientes.

Debemos resaltar que también en el mundo de los embutidos pasa con las denominaciones como en el resto de la gastronomía, que se utilizan nombres diferentes para elaboraciones iguales o muy parecidas, o también todo lo contrario, se utilizan nombres iguales para elaboraciones diferentes, dependiendo del lugar y el tiempo.

El mundo islámico, que recoge muchas de las tradiciones culturales del mundo greco-romano, también utilizó las técnicas culinarias de la conservación de la carne a través del embutido, secado al sol, ahumado o simplemente cocido y después secado mediante el aireado durante un tiempo. También es lógico pensar que en al-Ándalus, con un fuerte sustrato poblacional hispano-romano, se seguiría la tradición de elaboración de embutidos de la época romana. De hecho, vemos como el nombre de algunos de esos embutidos es de origen romance o prerromano, como *mirqás* o *lucaniq*, incorporados ya al dialecto árabe andalusí.

Las salchichas

Las salchichas, conocidas como *mirqás* (pronunciado como *mirgás*), eran muy apreciadas en al-Ándalus. El nombre de *mirqás,* con el que designaban los andalusíes a las salchichas, no viene del árabe, sino que debe ser otro de los préstamos del romance andalusí al árabe andalusí, en este caso parece que puede provenir de la lengua prerromana.

El *mirqás* es, básicamente, un preparado de carne picada o machacada y mezclada con algún tipo de grasa y especias. Esa masa se introducía en una tripa del intestino delgado de un animal, que según Ibn Razín «deben ser de cabra grande o de carnero grande, que son más anchos y más firmes».[336] La forma de embutir la masa en la tripa, en aquella época, era bastante manual utilizando un embudo:

> «[...] coges la punta de los intestinos y la pones en el extremo de un embudo para que se agranden, sujetándolos con el pulgar de la mano izquierda. Metes la carne en el embudo con el pulgar de la mano derecha para que salga la tripa por el otro extremo del embudo con la carne».[337]

La largura de la salchicha dependía del gusto de cada uno. Podían ser más largas o más pequeñas «separándolas entre sí por el procedimiento de quitar carne entre una y otra y atándolas», al igual que se ha seguido haciendo tradicionalmente hasta ahora. En algunos casos no se ataban en trozos más pequeños y se dejaba toda la tripa, la largura que diera de sí. Para su conservación, la salchicha termina secándose al sol o ahumándose. Aunque también vemos en el recetario del Anónimo que se cuecen o se fríen, cuando se preparan para su consumo más inmediato, solas o acompañándolas de una salsa. Ese sería el caso de una receta de *mirqás* con queso fresco:

> Se toma carne picada con suavidad, según se expuso antes y se le añade queso fresco, que no esté muy tierno, para que no se deshaga, y media parte de carne cortada y algo de huevo, que es lo que liga, y pimienta, clavo y cilantro seco. Se vierte sobre ello algo de agua de menta y cilantro tierno; se bate todo y se rellena con ello la tripa atada con hilo, según es la costumbre; entonces se fríe con aceite dulce, según lo que antecede.[338]

El autor termina recomendando que se coma en rodajas, sin salsa, o con el acompañamiento que se quiera. También

336 Ibn Razín, p. 191.

337 *Ibidem.*

338 Anónimo, p. 56.

se hacían salchichas de verduras, especialmente de berenjena. En este caso se utiliza la berenjena pelada y escaldada, majando la pulpa con especias, huevo y algo de grasa.

Tenemos constancia de la popularidad del consumo de las salchichas en fiestas como las bodas donde, además de hacerlas en cazuela, que podía ser encostrada con huevos, al horno o fritas, también se podían asar a la brasa en espetón.[339] Incluso se vendían en puestos de los zocos de las ciudades andalusíes junto con el pescado frito, pinchitos, empanadas, albóndigas y otras viandas.

Aunque en los recetarios andalusíes no se menciona, también se hacían embutidos con algo de picante: «[El relleno de] las longanizas se introduce en la tripa para que el frescor de la grasa conserve la carne, y tenga también algo de picante».[340]

Henri Pérès cuenta la anécdota del poeta andalusí al-Munfatil (el retorcido) que mostró en un poema su enfado porque un amigo no le invitó a comer salchichas cuando se lo había prometido: «¡oh tú! —le dice—, que te muestras generoso de lo que tienes, salvo cuando haces salchichas».[341]

Hoy vemos en el Magreb una salchicha que se conoce como *mergaz* o *merguez*, que suele consumirse a la parrilla, con cuscús o incorporada en los *tayines*. Su consumo se ha extendido a Europa a través de la emigración magrebí, convirtiéndose en uno de los productos de «comida rápida» servida en bocadillo o con patatas fritas. Parece que el nombre de la salchicha *mergaz* o *merguez* viene de la andalusí *mirqás*, que se pronunciaba *mirgáz o mergáz* en el dialecto andalusí porque el morisco ceceante pronunciaría la *s* final como *z* además del cambio de *i* por *e*, vacilación vocálica nada extraña en el romance y el árabe andalusí. Así que lo más probable es que este nombre fuera llevado al Magreb por los moriscos expulsados.

339 Ibn Razín, p. 191.

340 Al-Saqatí, p. 115.

341 *El esplendor de al-Andalus*, p. 318.

Longanizas

El *luqaniq* de los recetarios andalusíes es el embutido conocido como longaniza. Es otro de los romancismos introducidos en el árabe andalusí, ya que deriva del latín *lucanicus.* En el recetario de época romana de Marco Gavio Apicio viene una receta de longaniza que es parecida a las salchichas; de hecho, el nombre latino viene del tipo de salchicha que se hacía en la localidad italiana de Lucania. Por eso existe confusión en los textos entre los dos embutidos, ya que muchas veces se equipara uno con otro.

Ibn Razín diferencia uno de otro y nos explica el proceso de elaboración de la longaniza resaltando las diferencias con la salchicha:

> Se hace como las salchichas, paso a paso, pero en los embutidos (las longanizas) no se pone almorí, sino cebolla picada y cilantro fresco. Tienen que ser más grandes que las salchichas, y los intestinos que se usan, más anchos, y así se deben escoger. Cuando se han terminado de hacer, se cuecen ligeramente en agua. Después se sacan y se cuelgan en un lugar aireado. Cuando quieras comerlos, los vas cortando uno a uno y los pones en una sartén de barro o una cazuela sin aceite sobre un fuego moderado, removiéndolos para que suelten la grasa.[342]

El relleno

No nos vamos a referir ahora aquí a los rellenos de las cavidades o vientres de diferentes animales, o a las verduras rellenas que vienen en los recetarios andalusíes; tampoco nos referiremos a una especie de albóndigas que se hacen en algunas localidades a las que se denomina como «pelotas» y que también se conocen como «relleno», sino a un embutido que popularmente se conoce como «relleno», consistente en un picadillo de carne o diferentes carnes, aderezado con diversas especias y al que se le puede añadir huevos cocidos y

342 Ibn Razín al-Tugibi, *Relieves de las mesas, acerca de las delicias de la comida y los diferentes platos,* p. 192.

frutos secos, y que se embuten en una tripa delgada o gruesa (cular). La diferencia con el embutido es que el «relleno» se cocía en un caldo o se cocinaba al horno, y se consumía con cierta inmediatez, y el embutido se cura, con el ahumado o con el secado, para consumirlo mucho después.

Lo habitual es que el relleno llevara algún tipo de carne, pero hay una receta sin carne, al que se le incorpora azúcar y que el Anónimo califica como «morcillón sorprendente». Para la confección de este embutido se utiliza el intestino cular graso al que se le introduce un relleno compuesto de una mezcla de aceite, cebolla, huevos, almendras y especias como clavo y pimienta, a la que se le añade «azúcar lo que se quiera de dulce el que lo come».[343] Se hornea a fuego suave o se fríe en la sartén con aceite dulce. Los recetarios andalusíes explican que el relleno también se puede consumir incorporado a un guiso, especialmente al *tafaya*, o solo, o acompañado de alguna salsa.

Este mismo tipo de embutido se sigue haciendo en varias localidades andaluzas de las provincias de Córdoba, Málaga y Jaén. Hoy, el relleno se hace con carne noble de cerdo y de pavo, aunque antiguamente se utilizaba también la casquería. Curiosamente vemos en las recetas actuales que el relleno se cuece en un caldo al que se le incorpora un hueso, lo mismo que se hacía en la época andalusí.[344]

El relleno de morcón era otro tipo de embutido que se hacía en al-Ándalus con la parte del ciego o bolsa que forma la primera parte del intestino grueso o con el libro, que es el tercer estómago de los rumiantes con forma oblonga. El diccionario español le da al nombre un posible origen prerromano, posiblemente el mismo que el *mirqás*, siendo un aumentativo de este por su forma más grande y redondeada.

Ibn Razín recoge dos recetas de relleno con la parte del libro, denominando a la segunda como «relleno de morcón» pero que su confección es básicamente la misma:

343 Anónimo, p. 67.

344 Ver receta, «Tafaya rellena». Anónimo p. 159.

> Coges el libro, le das la vuelta y lo lavas con vinagre y sal, limpiándolo muy bien. Después coges carne buena, de morcillo o partes parecidas, y la machacas muy bien en un almirez de madera. Le pones sal, pimienta, cilantro seco, canela, jengibre, espicanardo, clavo, un poco de almáciga, una cucharada de almorí, jugo de cilantro fresco y de menta, almendras peladas, piñones y un poco de sebo picado. Después coges huevos y los cascas sobre la carne, batiéndolo todo muy bien. Coges yemas de huevo cocidas y un huevo cocido pelado. Luego pones la carne machacada en el libro y pones las yemas separadas unas de otras; has de procurar que el huevo entero esté en el centro, añadiendo después más carne y las yemas que queden. Atas los dos extremos del libro y lo pones en un perol de barro o en una olla grande.[345]

Después de rellenar la tripa y atarla por sus extremos, el autor de la receta propone la cocción del embutido en agua con especias o la cocción al horno para su consumo más o menos inmediato. Por lo tanto, en estas recetas no se contempla el curado del embutido para su consumo tiempo después, aunque hemos de suponer que esa también sería una opción de este preparado cárnico. Además, vemos que la diferencia con el embutido que hoy se conoce como «morcón» es la incorporación de huevos. Por eso, en este caso, consideramos que estas recetas del «libro» y del «relleno del morcón» deben incluirse en este apartado de los «rellenos».

Otros embutidos

En los dos recetarios andalusíes que manejamos también se incluyen otro tipo de embutidos hechos con la casquería (callos, sesos, riñones, carrillada, etc.). El murciano Ibn Razín los denomina salchichones, y se hacen con los callos: «Se cogen los callos, se escaldan en agua caliente y se raspan con el cuchillo hasta que blanquean y quedan limpios. Después se coge la grasa de la que hay en el vientre del carnero y que se llama <de redaño>, se corta en pedazos y se pone, en cada

345 Ibn Razín, p. 194.

uno de ellos, un pedazo de callos, atándolos con los intestinos, bien lavados por dentro».[346]

Entre las recetas del Anónimo hay varias de un embutido que denomina «tuétanos» y que tienen en común la utilización de los sesos: «Se toman los sesos de la cabeza y se limpian de sus venas; luego se toma carne tierna, como paletilla de cordero, y se machaca sobre una piedra con suavidad; se mezcla con los sesos limpios, se embuten en tripa y se cuecen».[347] Aunque, curiosamente, también recoge otra receta que denomina «Hechura de tuétanos sin tuétanos, no sospechándose de ello» en la que se utiliza el riñón, en vez de los sesos. Los embutidos con casquería se han elaborado tradicionalmente en algunas localidades. En concreto, en el Padul (Granada) se hace uno, al que se le llama «salchicha», y en el que se incluyen diferentes piezas de casquería.

Dentro de los embutidos de casquería hay que incluir a la morcilla, que está hecha de sangre y cebolla o arroz. En estos recetarios andalusíes, dirigidos a una población musulmana, lógicamente no hay elaboraciones culinarias con sangre, ya que la que se extraía del animal no se consumía. Pero después de la conquista de al-Ándalus, y especialmente después de la conquista del Reino de Granada, se extendió bastante el consumo de la sangre por la población convertida forzosamente al cristianismo para demostrar su conversión sincera a la nueva religión o para disimularla. Por eso ha sido habitual en las matanzas el aprovechamiento de la sangre que se obtenía del degollado y desangrado del animal (una tradición musulmana) con la elaboración de un embutido al que se le incorpora la sangre para su consumo posterior.

Lo normal es que la sangre sea del cerdo, animal que simboliza gastronómicamente al triunfo del cristianismo sobre el islam y el judaísmo. Es posible que en determinados grupos conversos «disimuladores» se utilizara la sangre de cordero, como «mal menor» en vez de la de cerdo. En algunos

346 Ibn Razín, p. 81.

347 Anónimo, p. 69.

sitios se ha seguido haciendo de esta manera, como es el caso de la «morcilla de res» de Albanchez de Mágina (Jaén).

Los embutidos conocidos como «morcilla» los vemos en el recetario de Juan Vallés, del siglo XVI, donde recoge hasta cinco recetas diferentes, varias de ellas sin sangre; aunque ya aparecen, creo que por primera vez, las morcillas con sangre, que fueron las que se impusieron a partir de ese siglo.

Seguramente que fueron los moriscos los que idearon la elaboración de lo que se conocía como «morcilla de guerra», que por su aspecto podría pasar por una morcilla salteada, por su textura y sabor, pero que no contiene sangre ni nada de origen animal, sino que su ingrediente principal es la berenjena. Esta receta vegetariana, conocida en algunos sitios como «morcilla de verano», se sigue haciendo en la Región de Murcia, especialmente en el Valle del Ricote, una zona de gran tradición morisca.

LOS ESCABECHADOS

Los escabechados eran llamados en Oriente *sikbaj o as-sikbaja,* (guiso con vinagre) y por los andalusíes también *muhallal* (envinagrado o conservado en vinagre). En Oriente, el guiso con vinagre se refería sobre todo al de carne, pero los andalusíes utilizarían los dos términos ya que es del oriental *sikbaj,* pronunciado por los andalusíes *iskebej,* de donde procede el arabismo *escabeche* y posiblemente también el «cebiche» latinoamericano.

La técnica del escabechado se usaba en al-Ándalus, especialmente, para las recetas de pescado cuando se pretendía que el cocinado durara más tiempo, pues el pescado «es muy rápido en pasar a la corrupción, si no se consumía muy pronto, a no ser que se haga según esta receta citada, con plantas medicinales, se mezcle con vinagre y almorí macerado y se recubra con mucho aceite, después de escaldarlo y hervirlo con agua y sal».[348]

---

348 Anónimo, p. 223.

Decía al-Arbulí que «la mejor manera de cocinar los pescados es cogerlos en el momento de salir del agua, cortarlos, lavarlos y colocarlos en un puchero grande de barro o de cerámica vidriada, verter sobre ellos aceite, y cuando esté a punto se retira del fuego y se le añade un caldo equilibrado, hecho de vinagre y jengibre, para moderar su complexión, corregirla y mejorar sus componentes».[349]

La técnica de conservar el pescado mediante el vinagre ya se conocía desde la antigüedad. En el recetario de cocina romana *De re coquinaria* se recogía esta elaboración, precisamente en una «Receta para conservar el pescado frito»: «Rociarlo con vinagre caliente en el mismo momento en que, ya frito, se retira del fuego».[350]

La forma de preparar los andalusíes el escabeche de pescado es el que se ha conservado casi igual hasta ahora, aunque incorporaban en esta, como en otras muchas recetas, sabores muy típicos de su cocina como el *almorí* macerado y la canela. Se podía hacer con cualquier clase de pescado, como recoge una receta andalusí que se intitulaba como «El pescado que se vende bien» en la que, después de freír el pescado:

> [...] se toma otra sartén y se ponen en ella dos partes de vinagre y menos de una parte de almorí macerado, pimienta, comino, un poco de ajo y algo de tomillo y canela; se cubre de aceite dulce y se lleva a un fuego ligero; cuando ha hervido, se toma un pedazo del pescado y se pone en él lo frito en aceite [el pescado frito anteriormente] poco a poco; se saca del fuego y se deja un poco, se vuelve y se deja hasta que se seque y no se le deja sino el aceite; se saca y se deja hasta que entibie su calor. Así lo solía hacer la gente de Ceuta y del Oeste de al-Ándalus.[351]

En algunas ocasiones se solía incluir en la salsa del escabeche condimentos como el azafrán -para darle color además de sabor-, la canela, el azúcar, algún fruto seco y pasas, con el objeto de darle un sabor agridulce muy típico de la cocina anda-

349 «Un tratado nazarí sobre alimentos» (II). p. 32.

350 Apicio, p. 11.

351 Anónimo, p. 220.

lusí. Esta misma combinación agridulce la vemos, en la época romana, en las salsas que cubrían algunos pescados o carnes en recetas del libro *De re coquinaria*, donde la utilización de la miel era muy habitual en la elaboración de distintos platos. Esta mezcla de sabores agridulces tuvo una gran aceptación en la cocina del mundo cristiano peninsular, bien por la tradición del mundo romano, con el uso de la miel, o influenciada por la gastronomía andalusí, con el empleo del azúcar.

En *El libro de Sent Soví* (siglo XIV) se recoge, en una receta de pescado en escabeche, la combinación de los sabores agrios del vinagre con los dulces de los frutos secos, el azúcar y las pasas.[352] Igualmente lo vemos tiempo después en otros recetarios como el *Libro de guisados*, de Ruperto de Nola, (siglo XVI), en una receta de pescado en escabeche que titula «Buen escabeche», donde se emplean condimentos y especias que se empleaban en las recetas andalusíes anteriores. Este tipo de escabeches, a los que se le añaden sabores dulces, darían lugar a una receta agridulce conocida como *zirbaja* y que según el recetario Anónimo: «se reúnen en él las ventajas del guisado de carne de vinagre [*sikbaja*] y del cocido de leche agria».[353]

En varias recetas andalusíes se utiliza el vinagre para guisar la carne, especialmente aquellas más duras, que se solían preparar troceadas y hervidas o maceradas en vinagre y especias, ya que el vinagre ayudaba a ablandar esas carnes y se digerían mejor. En otros casos el vinagre se usaba para que el guiso de carne se conservara más tiempo, igual que en el escabechado de pescado. En una de las recetas, elaborada con carne de vaca u oveja, se destaca su utilidad por conservarse varios días, y por eso se elaboraba para los banquetes de boda: «Este plato se conserva muchos días sin que se altere ni se eche a perder; se le llama en el Algarbe comida de boda, y es uno de los siete platos que se citan como usados entre nosotros en los banquetes en Córdoba y Sevilla».[354]

352 *El libro de Sent Soví*, p. 56.

353 Anónimo, p. 72.

354 Anónimo, p. 58.

LOS ENCURTIDOS

Una forma de conservar alimentos vegetales, que se ha venido haciendo desde la antigüedad y que tuvo gran arraigo entre los andalusíes, es el encurtido, donde la sal y el vinagre hacen de conservante. Esta técnica debió tener gran arraigo en la península ya que el gaditano Columela explicaba en su tratado de agricultura la forma de encurtir algunos vegetales, como el troncho de lechuga, pella y tallo de col, alcaparras, tallos de apio o el nabo, así como distintas hierbas y flores como las del espárrago, el poleo o el hinojo, que se utilizaban en la cocina. Decía Columela que «todas estas yerbas se guardan muy bien con un mismo aliño, esto es, mezclando dos partes de vinagre, con una de salmuera fuerte».[355]

En los recetarios andalusíes se mencionan los encurtidos como forma de conservación de alimentos utilizando la sal o el vinagre, o los dos conjuntamente. Decía el agrónomo sevillano Abu l-Jayr que:

> Las calabazas, berenjenas y pepinos se cogen a finales de verano, se cuecen, se guardan en jarras y se cubren con vinagre muy ácido. Colocas en la boca de cada recipiente medio octavo de aceite, cierras sus tapaderas y se guardan. Si los pepinos o las calabazas se ponen crudos, en vinagre o miel, se conservan.[356]

Ibn Razín les dedica a ellos varios capítulos de su libro, aunque desgraciadamente el primero se ha perdido, que sería el más específico sobre el encurtido; aunque cuando habla de la conservación de las alcaparras y alcaparrones, da la receta para su elaboración en encurtido:

> Se cubren con agua clara, que se cambia dos veces al día, por la mañana y por la tarde, hasta que pierden el amargor. Esto se hace durante ocho días. Cuando las hayas probado y verificado su gusto, se sacan del lebrillo y se lavan muy bien. Después se les espolvorea sal suficiente, se remueven y se dejan

355 Columela. Libro duodécimo, Capítulo VII. y ver también, capítulos IX y LIV.

356 Tratado de agricultura de Abu l-Jayr, p. 312.

> un rato sin agua para que absorban la sal. Se ponen en una tinaja. Luego se mezcla agua con vinagre y se les vierte encima hasta cubrirlas.[357]

Encurtir las berenjenas en vinagre era una tradición andalusí que siguieron los moriscos. Hoy es un producto típico del Campo de Calatrava manchego, lugar a donde fue a parar una parte de los moriscos granadinos deportados. Otra de las hortalizas que se solían encurtir era la col. Los encurtidos se solían vender en los zocos y se consumían como aperitivos.

Uno de los encurtidos más populares actualmente es la aceituna de mesa, que lleva un proceso de endulzado y conservación. La técnica que describe Ibn Razín para la conservación de las alcaparras y alcaparrones era muy parecida a una de las formas que se utilizaban, y se sigue utilizando, para el endulzado y la conservación de las aceitunas. La forma más simple era conservarlas en salmuera, pero había diferentes versiones de elaborar este encurtido. Las aceitunas podían ser verdes o negras (maduras); podían conservarse enteras o partidas y se podían aderezar con plantas aromáticas como orégano, tomillo, laurel, hierbabuena y hojas de cidro.

Al-Arbulí cuenta que las aceitunas verdes podían conservarse en agua y sal (salmuera), en vinagre y sal o en aceite y sal. El sevillano Abu-l-Jayr, conocedor de la tradición del verdeo de su tierra, da algunas recetas de aceitunas verdes aliñadas. Sabe de la importancia de recoger esas aceitunas en su tiempo (octubre) y que deben ser recogidas a mano. Esta es una de las recetas que nos transmite:

> Se cogen en octubre, se parten con una caña bien fuerte, se lavan con agua, y se colocan en un recipiente con nébeda, tomillo aceitunero o salsero, hojas de laurel, cidro y hierbabuena. Se les echa un alquer de agua dulce y dos de vinagre y sal en la medida que sea suficiente; embárralas y déjalas hasta que estén buenas para comer.[358]

---

357 Ibn Razín, p. 293.

358 Tratado de agricultura de Abu l-Jayr, p. 311.

Al-Arbulí explicaba las propiedades bromatológicas de las aceitunas según su forma de curación: «Las aceitunas verdes curadas en agua y sal son mas bien calientes y secas de complexión, despiertan el apetito, confortan el estómago, pero son de escaso alimento. Las que se curan con vinagre y sal son más fuertes para despertar el apetito. En cuanto a las aceitunas curadas con sal y aceite, son calientes con cierta tendencia a la humedad, muy alimenticias, pero dañan la boca del estómago. Las aceitunas gordales curadas en sal y agua son calientes y secas y abren las obstrucciones producidas en el hígado y en el bazo por la flema. Las curadas en vinagre son más efectivas en abrir las obstrucciones y despertar el apetito».[359]

Lo normal es que las aceitunas se conserven con el hueso, ya sean enteras o partidas, pero Ibn Razín recoge una receta de aceitunas deshuesadas; eso sí, quitándoles el hueso a mano, una a una, no con máquinas como se hace ahora:

> Se cogen aceitunas negras de la mejor calidad, ya sean grandes o pequeñas. Se ponen una a una y se golpean ligeramente con una piedra para quitarles el pipo [hueso] o se aplastan con los dedos. Luego se ponen todas en un cofín de esparto o de otro material y se aprietan contra él, poniendo encima piedras, para que suelten el jugo y queden muy secas. Después se suelta el cofín y se mezclan en un recipiente de vidrio o de barro vidriado, cubiertas con aceite. Se sella el recipiente con barro y se vigila, porque se corrompen y estropean muy rápidamente.[360]

359 «Un tratado nazarí sobre alimentos» (II) p. 17.

360 Ibn Razín, p. 292.

5.
La repostería

Se considera la repostería como una parte de la gastronomía especializada en la confección de postres, nombre que deriva del latín *postremus* (último o postrero), porque era el último plato que se servía y que tenía sabor dulce. Una parte de la repostería que se hacía en al-Ándalus venía de épocas anteriores, especialmente de la época romana, a través de la numerosa población de origen hispano que se fue integrando en la sociedad andalusí, tanto mozárabes (cristianos) como muladíes (conversos al islam). Otra parte de la repostería que se hacía en la época fue introducida por los cocineros de las élites económicas y políticas que, en su afán de islamización, también en el tema culinario, no dudaron en introducir en su mesa elaboraciones típicas de las cortes islámicas de Oriente. Entre ellas encontramos dulces conocidos como *Faludaj*, y los dulces elaborados a partir de tortas de pan como los *jabís* y los *qataif*. De ellos se hacían diferentes versiones.

Ya los médicos andalusíes recomendaban el consumo de dulces. Decía Maimónides que «Es muy bueno tomar un poco de dulce después de la comida; dará fuerza al estómago para fortalecer el alimento y su digestión».[361]

361 Maimónides, *Obras médicas*. I. Citado por: Riera Melis, Antoni (2001), *Las*

La repostería andalusí tuvo continuidad a través de la numerosa población que quedó, después de las conquistas por parte de los primeros reinos cristianos septentrionales, en los territorios de Castilla, Aragón, Valencia, Murcia, Extremadura, siguiendo en la Andalucía baja y, por último en el Reino de Granada.

Imagen 23. Puesto de dulces en una feria.

---

plantas que llegaron de Levante. Acerca del legado alimentario islámico en la Cataluña medieval. Anuario de Estudios Medievales, 31/12, pp. 787-841. Nota 49.

Aunque la repostería solía ser elaborada a nivel particular, también se vendía en los zocos y en los puestos que se ponían en las fiestas populares. Incluso había tiendas especializadas en su elaboración y venta al público. Esa tradición siguió después de la conquista manteniéndose las Ordenanzas que regulaban su fabricación y venta. En el antiguo Reino de Granada fueron los moriscos los que mantenían una gran parte de esa tradición repostera andalusí, extendiéndola por otros territorios peninsulares en su exilio.

Para la confección de la variada repostería andalusí se usaba la tradicional miel como edulcorante, pero en esa época también se introdujo la caña de azúcar, de cuyo zumo se elaboraba el azúcar. Con la miel y el azúcar y otros componentes básicos como la harina, los frutos secos, los huevos; y materias grasas como mantequilla, aceite o manteca; especias y otros productos aromatizantes, se hacían dulces como mazapanes, turrones, garrapiñados, arropías, alfajores, empanadillas, frutas de sartén, frutas confitadas, etc.

En relación a los dulces sucede lo mismo que con los nombres de ensaladas, guisos, gachas y sopas. Como en cada lugar, e incluso en cada casa, se hacían variaciones de una receta con el mismo nombre, o se denominaba de forma diferente a una misma elaboración, se producía cierta confusión con los nombres, confusión que se trasladaba a los textos y recetarios que nos han llegado. No es de extrañar porque también «sufrimos» esa confusión actualmente.

Así vemos que sucede con el alfeñique (del árabe andalusí *al-faniq*) que, según recoge el arabista Amador Díaz García, unas veces se puede referir a un dulce confeccionado con harina de cebada, maná y azúcar; otras veces se refiere a «un dulce con azúcar, agua, miel y aceite de almendras dulces que, una vez cocida y hecha una masa viscosa se estiraba y se hacía en forma de dulces alargados. Otras veces, este nombre indicaba solamente un tipo de azúcar, sin refinar, y sometido a tres cochuras».[362]

---

362 «Un tratado nazarí sobre alimentos» (II), p. 38.

Por eso, a veces, es complicado determinar con precisión qué tipos de dulces actuales corresponderían a los que recogen los autores andalusíes. Por ejemplo, al-Arbulí menciona varios de ellos que tienen como base la miel, el azúcar, y «algunos de ellos con almidón fino, y con almendras, nueces y otras cosas».[363] En varios de los que menciona el nazarí podemos ver a los turrones y mazapanes actuales.

La administración andalusí regulaba la venta de la repostería en los zocos a través de los tratados de *hisba*. La nueva administración cristiana también tuvo que regular los diferentes oficios, al igual que hacía la andalusí. Así es como se fueron redactando las diferentes Ordenanzas Municipales para su regulación. Con ellas se trata de preservar la calidad del producto, que en el caso del turrón se establecía en la ordenanza:

> Que los turrones blancos que hubieren de hazer, sean las almendras blanqueadas y tostadas como deuen, que tengan a lo menos tanta miel como almendras y asimismo los turrones de piñones y auellanas, sota dicha pena.[364]

Uno de los conductos por los que nos ha llegado la rica y variada repostería andalusí ha sido a través de los conventos de clausura, especialmente femeninos, donde la elaboración y venta de la repostería en el propio convento era un medio de subsistencia de la comunidad. En los conventos se ha mantenido la elaboración de dulces que son de clara ascendencia andalusí pues en ellos también se internaban moriscas, ya fuera de familias devotas recién cristianizadas o las que entraban como sirvientas acompañando a su señora hasta el convento.

En el Reino de Granada vemos un temprano ejemplo de la pervivencia de la repostería andalusí en el convento de Las Comendadoras de Santiago, en la ciudad de Granada.

---

363 «Un tratado nazarí sobre alimentos »(II), p. 39.

364 *Ordenanzas de turroneros y melcocheros Título 48*. En: Ordenanzas que los muy ilustres y muy magníficos señores Granada mandaron guardar, para la buena governación de su Republica, (1552). Edición de 1670.

Convento fundado en 1501 por los Reyes Católicos. Uno de sus medios de subsistencia era, y es, la elaboración y venta de dulces, entre ellos las tartas de almendras, y las frutas escarchadas o confitadas.

Imagen 24. Torta de almendras. Foto del libro *Cocina con Diego Morales*, Ayuntamiento de Padul (Granada) 2017. La torta de almendras andalusí, también conocida después como torta real, es la que se conoce en otros sitios como tarta de Santiago.

Esas tartas estaban, y están, hechas de azúcar, almendras y clara de huevo, que junto a la harina, son elementos básicos de la repostería andalusí. Ese tipo de tarta, que en la Edad Media fue llevada a Galicia por los mozárabes, se ha popularizado en España en los últimos tiempos con el nombre de «Tarta de Santiago», pero que antes se conocía en todas partes como «torta Real» o «tarta de almendras», y así la encontramos en Andalucía con esos nombres, como es el caso de la «torta Real de Motril» o «la torta de almendras» de las monjas Agustinas Recoletas de Chiclana o de las monjas Tomasas de Granada.

Entre los dulces típicos andalusíes estaban las frutas confitadas, que además de ser una forma de conservar la fruta, era una golosina habitual en los zocos y en las confiterías.

Además de la cidra (el «diacitrón») y la calabaza (el «calabazate») se confitaban también otras frutas como limones y cerezas. Las Ordenanzas de Granada regulaban su elaboración y venta:

> Primeramente, que el diacitrón y calabazate, y limones, y cualquiera otra conserva, que requiera ser de açucar, que sea de buena alcoçar de las Islas, y si fuere de Almuñecar, que sea bien purgado [...]. Otro si, que el diacitrón y calabazate sea cubierto con buen azúcar blanco, y que el diacitrón se venda por diacitrón, y el calabazate por calabazate, y que ningún confitero tenga lo uno con lo otro junto.[365]

La tradición de elaborar frutas confitadas se ha mantenido hasta la actualidad. La confitería tradicional sigue poniéndolas a disposición del público en sus establecimientos durante todo el año y los feriantes la llevan hasta los pueblos más pequeños. Son muy conocidas y apreciadas las frutas confitadas de Aragón, que han incorporado el chocolate en su elaboración.

LAS FRUTAS DE SARTÉN

Básicamente, las frutas de sartén son masas de harina fritas en aceite y, casi siempre, edulcoradas con azúcar o miel. Según fueran sus formas se le denominaban de una u otra manera. Al-Arbulí menciona varias de ellas: «Las masas fritas en aceite, los buñuelos (*al-isfany*) y los *bismatat* son todos ellos lentos de digerir».[366] En los dos recetarios andalusíes que se conocen, del siglo XIII, se recogen diferentes elaboraciones de frutas de sartén en las que podemos intuir bastantes de las recetas actuales, a pesar de la dificultad interpretativa de muchas de ellas por su confusa redacción.

De las frutas de sartén hemos heredado unas cuantas, que nos han llegado con diferentes formas y nombres: buñue-

365 *Ordenanzas de confiteros, y de lo que han de hazer y guardar.* Título 47. Pregón 1530. En: Ordenanzas que los muy ilustres y muy magníficos señores Granada mandaron guardar, para la buena governación de su Republica.

366 Díaz García, Amador (1981). «Un tratado nazarí sobre alimentos» (I). p. 20.

los, churros (con nombres diferentes como tejeringos o *jeringos*, calentitos, tallos), pestiños, roscos de huevo, rosquillas, piñonates, *borrachuelos, borrachinos* asturianos, borrachos de Purchena, sopaipas, chulas, orejas de carnaval (Galicia), *casadiellas* asturianas, mamuecas, *papajotes, papuecas,* gañotes, torrijas, hojuelas, orejas de abad, *papaviejos* (con patata) tortas de canuto, flores de sartén, etc.

Se suele atribuir la aparición, en la gastronomía de Occidente, de la fruta de sartén a la época andalusí. Seguramente que el consumo más generalizado de esta elaboración gastronómica se diera en esa época, pero parece ser que ya existía algún tipo de fruta de sartén en épocas anteriores. El *laganon* griego, que dio lugar al *laganum* romano, era una lámina de masa cocida o frita. Marco Gavio Apicio ya recoge una receta de masa de harina, con agua caliente o con leche, que se fríe con aceite «de la mejor calidad» y que se unta con miel.[367]

Esa misma variedad frita aparece en los escritos de Isidoro de Sevilla, en el siglo VII, como un pan ancho y plano que se fríe en aceite.[368] Era una fruta de sartén similar a los buñuelos, por eso en algunos diccionarios de latín-castellano se traducía como buñuelos, pero también como tortas. Quizás la descripción de Apicio y de Isidoro de Sevilla corresponda más a lo que hoy, todavía, se conoce en algunos sitios como tortas de masa de pan fritas, o sopaipas o tortas de canuto, en otras localidades, y que se siguen consumiendo en muchos pueblos en fechas señaladas como la Semana Santa, acompañadas con miel de caña, principalmente, o miel de abeja, en su defecto.

Los buñuelos o *alfinges* (de *isfanŷ*=esponja) era la fruta de sartén más popular y más consumida por el pueblo, pues era habitual en todo tipo de fiestas y se vendían en puestos de los zocos. Los recetarios andalusíes del siglo XIII recogen varias tipos de buñuelos. El más básico se hacía con una masa

367 Ver Apicio, p. 63.

368 https://archive.aramcoworld.com/es/issue/201301/pasta.s.winding.way.west.htm

compuesta de sémola o harina, agua caliente, sal y levadura, que se deja reposar hasta que fermente. En aquel tiempo ya se hacía la variedad conocida como buñuelos de viento; entonces se añadía un poco de aceite a la masa y «quien los desee inflados, debe añadir huevos a la masa».[369]

Los buñoleros de los zocos desarrollaron una técnica rápida de confección del buñuelo descrita por Ibn Razín:

> [...] cuando el aceite esté bien caliente, se coge un poco de masa con la mano izquierda y cierras el puño de modo que salga un poco sobre el pulgar y el índice. Se corta así en pedazos y se ponen en la sartén todos los que quepan.[370]

Es muy posible que el nombre de «buñuelo» venga, precisamente, de esa forma de recoger en el puño cerrado la cantidad de masa de cada porción que se echa a la sartén. Sería una evolución fonética del *pugnus* latino (puño) al que se le cambia la *p* por la *b* del árabe y se le añade el sufijo diminutivo del romance *-uelo*, así que *buñuelo* significaría «puñito».

Parece que la forma más típica de los buñuelos era la redonda, tal y como describe el Anónimo al hablar de la hechura de los «esfinges» que «se hace en albóndigas y se fríen en esa forma».[371] Aunque también vemos que Ibn Razín contempla su confección en forma de rosca:

> Debe probarse la masa antes de hacer con ella una rosca. Si se queda abierta como está y sube a la superficie del aceite después de cocinarse, ahuecándose en su interior, es señal de que la masa ha subido; si no, debe dejarse reposar más.[372]

En el Magreb se hacía una fruta de sartén, conocida como *sfenj*, que llevaron allí los moriscos expulsados de la península, según recogió en sus escritos el padre trinitario Francisco Ximénez, que estuvo en Túnez y Argelia varios años a principios del siglo XVIII. Hoy se sigue haciendo en Marruecos

369 Ibn Razín, p. 124.

370 Ibn Razín, p. 123.

371 Anónimo, p. 133.

372 Ibn Razín, p. 124.

el *sfenj* o buñuelo de origen andalusí, que es una especie de churro en forma de rosquilla, que se puede equiparar al que describe Ibn Razín en la receta anterior.

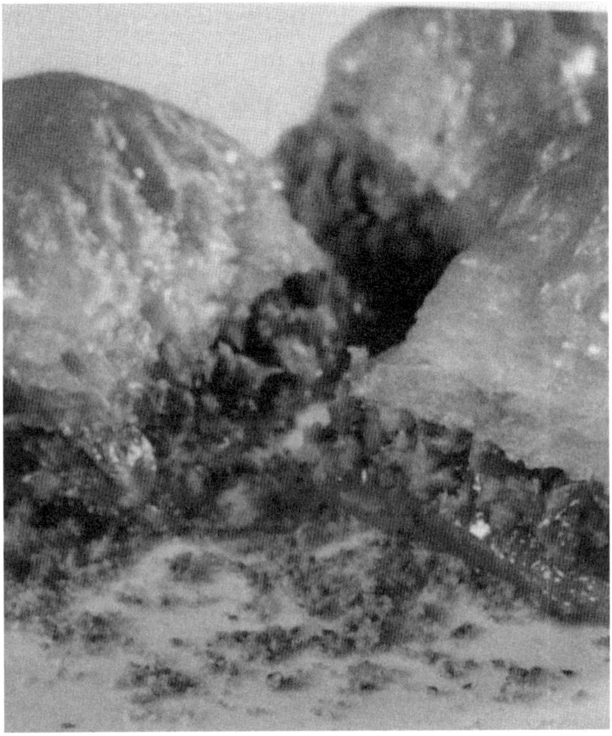

Imagen 25. Los dulces rellenos de frutos secos como el *blakava*, muy populares en el mediterráneo oriental, influyeron en la repostería andalusí.

También se hacían otras frutas de sartén rellenas con frutos secos, especialmente almendras o nueces machacadas y mezcladas con azúcar y especias. Seguramente que las que recogen los recetarios andalusíes con ese tipo de rellenos se copiaran de recetas orientales. Entre ellas hay una denominada como «orejas rellenas» en las que la masa se extiende, se enrolla en forma de oreja, se fríen en aceite de oliva, y se termina rellenando la «oreja» con una mezcla de frutos secos, miel y especias.[373]

373 Ibn Razín, p. 108.

Se hacían otro tipo de buñuelos con ese mismo relleno, como el buñuelo que recoge el Anónimo con el nombre de «hechura de esponja [buñuelo] rellena»,[374] o el conocido como «bocados de juez»,[375] aunque en al-Ándalus eran más apreciados los buñuelos rellenos de queso, que era una variedad de almojábana cocinada como fruta de sartén. Tanto las «orejas rellenas», como los «bocados de juez» y otras recetas parecidas de este estilo, como la que Ibn Razín denominaba «comida de pan»,[376] se consumían frías, a diferencia de la almojábana andalusí que se consideraba fundamental su consumo en caliente.

La tradición buñolera andalusí la siguieron los moriscos, tanto los que quedaron en el antiguo Reino de Granada como los que fueron dispersados por diferentes localidades de la península ibérica, y por los que se embarcaban hacia el continente americano, donde el buñuelo, junto con otras frutas de sartén, se ha incorporado a la gastronomía de muchos países.

Los textos del siglo XVI hablan a menudo de esa afición de la población de origen andalusí por las frutas de sartén. Un ejemplo lo tenemos en la Lozana Andaluza de Francisco Delicado, donde Aldonza se jactaba de saber confeccionar «hojuelas, pestiños y de rosquillas». Esa afición por las frutas de sartén se extendió muy pronto al mundo cristiano, donde aparecen en sus primeros recetarios. En el *Libro de Sent Soví,* (siglo XIV) ya se recoge una receta de buñuelos, aunque fritos en manteca de cerdo.[377] Como se ve en este y en otros recetarios posteriores del mundo cristiano septentrional era habitual hacer la fritura de sartén con manteca animal, aunque el navarro Juan Vallés, en su libro *Regalo de la vida humana* (siglo XVI) recomienda freírla en aceite de oliva:

374 Anónimo, p. 124.

375 Ver Ibn Razín, p. 107.

376 Ibn Razín, p. 108.

377 Sent Soví, p. 97.

> [...] y ahunque muchas personas tienen por mejor freyr las frutas en manteca de puerco o de vaca que en azeyte, y para el gusto tienen razón, pero más gentil y más roxa sale la fruta frita en azeite que en manteca por causa del grande calor y penetraçión que ay en el azeyte después de caliente.[378]

En muchos pueblos, especialmente en Andalucía, hasta hace poco han sido los gitanos —muchos de ellos descendientes de moriscos— los que han seguido la tradición de la venta de buñuelos en fiestas y mercados.

La almojábana, de *al-muyabbana,* que significa «la hecha de queso», un dialectalismo andalusí derivado de *jubnuh* (queso), era un dulce muy apreciado en al-Ándalus, cuyo componente principal era el queso como decía al-Arbulí: «Las almojábanas están compuestas de ingredientes diversos, predominando en ellas el queso».[379] Y como recitaba el poeta nazarí Ibn al-Azraq: «la almojábana, hija del queso, por fuera parece una rosa, pero por dentro es como la azucena».[380]

Existían varias formas de elaborarlas; podían ser fritas, como fruta de sartén, dándole una forma redondeada, como un buñuelo pero con una pasta de queso dentro; o haciéndole a la masa rellena de queso un agujero en el centro, como una rosquilla. Las almojábanas se podían hacer igualmente al horno, también en forma de rosquilla o en forma de torta. De la variedad hecha al horno había una receta muy conocida en la época con el apelativo de «toledana».[381]

Otra variedad de almojábana hecha al horno era la conocida como «quesada», que no dejaba de ser un pastel de queso, y que según el Anónimo, «se hace en al-Ándalus y se llama "los siete vientres"».[382] Se elaboraba con tortas de pan

---

378 Citado por Serrano-Larráyoz, Fernando. (2008). *Confitería y gastronomía («libros» IV-VI) en el «Regalo de la vida humana» de Juan Vallés,* p. 232.

379 Díaz García, Amador (1981), «Un tratado nazarí sobre alimentos» (I). p. 20.

380 Citado por: García Sánchez, Expiración (2004). *El sabor de lo dulce en la gastronomía andalusí. La herencia árabe en la agricultura y el bienestar de Occidente,* Fernando Nuez (ed.) Valencia, pp. 165-204, p. 189.

381 Su receta la recoge el recetario anónimo, p. 248, con el nombre de «Receta de la almojábana al horno, que se llama entre nosotros la toledana».

382 Anónimo, p. 248.

delgado que se metían en un recipiente de barro en capas, poniendo queso entre una capa y otra de tortas. Se rellenaba con leche y se hacía al horno. Curiosamente el murciano Ibn Razín contemplaba la posibilidad de que este tipo de almojábana al horno también se pudiera hacer sin queso:

> Estas almojábanas también se pueden hacer sencillas, sin queso; se cocinan las tortas como se ha indicado antes y se ponen en la cazuela una sobre otra, sin queso entre ellas. Después se les vierte leche, se cubren con una torta gruesa y se envían al horno. Se les echa leche de vez en cuando y, cuando estén a punto, se sacan del horno, se les vierte miel y se consumen como se ha dicho.[383]

Seguramente que las almojábanas más populares en los zocos serían las confeccionadas como frutas de sartén. Pero para que el queso quedara cremoso y no se escurra de su interior o que tampoco se endurezca y se pegue, los andalusíes utilizaban una mezcla de dos quesos: «Sepas que la almojábana no se compone de un queso solo, sino de dos, es a saber, de vaca y de oveja [...] así lo hace la gente de nuestra tierra en el Oeste de al-Ándalus, como en Córdoba y Sevilla, Jerez y otras del país de Occidente».[384]

La masa era parecida a la de los buñuelos: «Se amasa harina de trigo o sémola con algo de levadura en una masa bien hecha y se rocía con agua poco a poco hasta que se deshaga, y si se rocía con leche fresca, en vez de agua, es mejor y más fácil, por cuanto lo hagas con tu mano».[385] A la masa también se le podían añadir huevos: «Quien quiera mezclar la masa con huevos, que ponga a razón de siete u ocho por cada arrelde de sémola. Esto realza su gusto y delicia».[386]

La técnica para echar la masa en la sartén también la explican los autores de los recetarios: «se moja la mano en agua y se corta un pedazo de la masa y se mete en su interior otro

383 Ibn Razín, p. 127.

384 Anónimo, p. 245 y 246.

385 Anónimo, p. 246.

386 Ibn Razín, p. 126.

tanto de ese queso machacado y se prensa con la mano, y lo que sale y se escurre de la mano, se recoge con suavidad y se pone en el freidor».[387]

Después de fritas y escurridas, se les podía verter por encima mantequilla fundida o miel, y se les espolvoreaba azúcar y canela, aunque la forma más habitual de consumirlas los andalusíes era sin verterles nada: «El que las desee sencillas, sin verterles nada, tal y como les gusta a los andalusíes, que las ponga en un ataifor y espolvoree por encima canela, anises molidos y azúcar. En medio del ataifor se pone un recipiente con miel y se va comiendo con esta miel, una tras otra».[388]

Imagen 26. Almojábanas. Foto del libro *Crisol de Sabores. Paseo por la gastronomía de las tres culturas*, de Silvia Hernández Pérez. Ediciones SIGUSA. 2010.

387 Anónimo, p. 246.

388 Ibn Razín, p. 126.

Se debían servir bien calientes, a tenor de lo que un poeta andalusí recogía en unos versos: «producen su más dulce efecto cuando, al servirlos, su humo sube de las mesas servidas [...]. Si queman cuando se les toca, su calor, en el fondo de las entrañas, produce un frescor saludable».[389] También circulaba un dicho que hacía referencia a la fama que tenían las que se hacían en Jerez: «¡Quien pasa por Jerez y no come *muyabbanat* será puesto en el índice!».[390]

Los dos recetarios andalusíes del siglo XIII recogen otro tipo de recetas de almojábanas fritas en las que se le pueden incorporar distintos productos como huevos y frutos secos:

> Se coge un arrelde de harina de adárgama y medio de queso fresco. Se amasa la harina con el queso, sobándola hasta que se mezclan bien ambos. Luego se amasa esto con cinco huevos, suficiente sal y un poco de agua, si hace falta. Se hacen obleas muy finas y se fríen en una sartén con aceite abundante para que salgan blancas. Luego se hierven nueces machacadas con miel y se vierten por encima. Se pican piñones y alfóncigos y se les espolvorea azúcar.[391]

Estas tortitas se solían presentar con una capa por encima de frutos secos machacados y mezclados con miel y espolvoreadas con azúcar. Hemos de suponer que a nivel popular se hicieran también sin el queso y los frutos secos, quedándose solo en las tortitas fritas bañadas en miel o espolvoreadas con azúcar, que es la «hojuela» que ha quedado en la gastronomía popular española actual donde también las encontramos con otros nombres como sopaipas, orejas de carnaval u orejas, simplemente.

Sin embargo, creemos que la denominación indistinta de orejas y hojuelas para el mismo dulce es una identificación confusa que se ha dado a lo largo del tiempo, pues los recetarios andalusíes describen el dulce conocido en la época como «orejas» u «orejas de juez», como una masa de

389 Henri Pérès, *El esplendor de al-Andalus*, p. 319.

390 *Ibidem.*

391 Ibn Razín, p. 128.

harina que se dobla sobre sí misma dándole la forma de oreja para que quede hueca. Una vez frita se rellena con una masa dulce.

Después de la conquista de al-Ándalus por los reinos del norte, este dulce pasó a formar parte de la gastronomía medieval cristiana como «orejas de monje» u «orejas de abad». Hoy se sigue haciendo esta fruta de sartén con ese nombre, aunque en algunos sitios, como Escacena del Campo (Huelva) se le llama «oreja de abad», sin embargo se elabora en forma de trenza, muy parecida a una masa dulce que recoge el Anónimo con el nombre de «Confección de trenzas», en donde, con la masa ya fermentada, se forman trenzas como las del cabello.[392]

Imagen 27. «Orejas de abad». Dulce en forma de trenzas, de Escacena del Campo (Huelva).

392 Anónimo, p. 133.

De esa misma época, siglo XVI, Ruperto de Nola recoge varias recetas de frutas de sartén en las que se emplea el queso, y que podríamos considerar como almojábanas, aunque no les da ese nombre. Una de ellas, que su autor denomina como «Rebanadas o tajadas de queso fresco que es fruta de sartén» la recoge en el recetario anterior del siglo XIV, el *Libro de Sent Soví*, muy influenciado por la cocina andalusí. Esta misma fruta de sartén, a cuya masa se le añaden huevos, Ruperto de Nola aconseja hacerla en forma de buñuelos, con azúcar por encima, porque «ya valdrá mucho más» y recomienda, igual que hacían los poetas andalusíes «comerlo caliente porque de otra manera no vale nada este manjar».[393]

Igualmente podemos relacionar con la almojábana andalusí otro dulce que el cocinero real, Ruperto de Nola, recoge como fruta de sartén, conocida como «flaones», que no deja de ser una empanadilla (el *sanbusak* andalusí), en este caso rellena de queso, como era del gusto de los judíos andalusíes por su compatibilidad con sus reglas alimenticias. El nombre de este dulce se ha conservado en diferentes zonas de la península y Baleares, especialmente en Figueras (Girona) y Morella (Castellón). El *flaó* Balear es un pastel de queso que podríamos asemejar más a una variedad de almojábana andalusí conocida como *qigata* (quesada).

Las almojábanas de queso, harina y huevo también tenían su versión al horno. Este tipo de dulce, que ya no recibiría el nombre de almojábana, lo encontramos en el siglo XVI con el nombre de «mollete real». En el Archivo Municipal de Antequera se ha encontrado un manuscrito de María Enríquez (1539) con la receta de los molletes reales, que poco tienen que ver con el mollete antequerano actual pues se trata de un pastel de queso, harina y huevos, y si hace falta «echalles un poco de leche y acabados de hacer enbiallos al horno».[394]

---

393 Ruperto de Nola, *Libro de guisados, manjares y potajes intitulado libro de cocina.*

394 Artículo de Ana Vega Pérez de Arlucea https://www.elbierzonoticias.com/culturas/gastronomia/gastrohistorias-molletes-antequera-20201121214434-ntrc.html (consultado el 7-12-23)

Con el nombre de «almojábana» nos han quedado varios dulces en diferentes lugares de la Península y de Latinoamérica, aunque, curiosamente, pese al origen del nombre, algunas de ellas no llevan queso. Ese es el caso de las almojábanas murcianas y aragonesas que son unas rosquillas hechas con una masa de harina con huevo que se cuecen al horno y se les baña con almíbar de miel por encima o se espolvorean con azúcar.

Otra fruta de sartén que se menciona en los textos andalusíes es la *zalabiya*, un dulce con diferentes formas que termina bañándose en miel. La masa de la *zalabiya*, o *zalabia*, descrita en los recetarios andalusíes es, básicamente, la misma que la del buñuelo, aunque más ligera. La forma del dulce y la técnica que se utiliza para echar la masa a la sartén es distinta, según vemos en la descripción del Anónimo:

> [...] se pone un freidor al fuego con mucho aceite y cuando hierve el aceite, coge de esa masa que corre y ponla en una vasija de fondo agujereado y pondrás tu dedo sobre el agujero; entonces levantas tu mano hasta el freidor y quitas tu dedo con habilidad y correrá la masa por el agujero al freidor y tú darás vueltas a tu mano y formarás con ello anillos, rejas y demás, según la costumbre corriente de hacerlo.[395]

Ese tipo de masa y esa técnica, que describe también Ibn Razín, es la que se ha utilizado tradicionalmente para la confección de los churros, con sus diferentes denominaciones y evolución en el artilugio para dejar caer la masa en la sartén, por lo que hay que entender que nuestros apreciados churros vienen de la *zalabiya* andalusí, aunque sin el enmelado. Este dulce, recogido en los recetarios andalusíes, se sigue haciendo en el norte de África con distintas formas, incluida una muy parecida al típico pestiño enmelado.

Por las descripciones que hacen los recetarios de las formas que adquiere la masa al caer en el aceite hirviendo, «anillos, rejas y demás», o como «celosías y de otras maneras, formando

395 Anónimo, p. 264.

círculos»;[396] podemos incluir como frutas de sartén derivadas de la *zalabiya* las masas fritas conocidas como «flores de sartén», aunque para estas se utiliza un molde.

El consumo de las frutas de sartén, especialmente las almojábanas, las *zalabiyas* y los *alfinges* (buñuelos y otras frutas de sartén) se asociaban a algunas de las principales fiestas andalusíes, y no solo a las musulmanas, como la ruptura del ayuno, sino también a las compartidas con los cristianos como la *ansara* y el jueves santo, que en al-Ándalus se conocía como «el jueves de abril»; fiestas que los andalusíes celebraban en el campo comprando en los puestos de comida y bebida que se instalaban «pasteles de harina y de queso, así como buñuelos».[397] También se consumían en fiestas privadas como las bodas y bautizos.[398]

Una de las frutas de sartén más populares, que se consumen especialmente en la Semana Santa, son las torrijas. Este sería un dulce conocido en la cuenca mediterránea desde la Antigüedad, pues el romano Marco Apicio la recogía entre sus recetas: «Romper en trozos grandes un pan de harina de flor y poner en leche; freírlo y luego untarlo de miel».[399]

En los recetarios andalusíes no se ve con claridad ninguna elaboración de lo que sería una torrija, aunque hemos de pensar que a nivel popular se consumirían, especialmente en el mundo cristiano, ya que se asociaría ya en la época andalusí a la celebración del jueves santo o «jueves de abril».

Un dulce que se asocia con la Semana Santa es el «hueso de santo» que hoy se hace con masa de mazapán y un relleno de crema que puede recordar a la tibia del hueso con su tuétano. En los recetarios andalusíes encontramos un dulce con

396 Ibn Razín, p. 123.

397 Fernando de la Granja Santamaría, *Estudios de Historia de al-Andalus*. Real Academia de la Historia, Madrid 1999, p. 251.

398 Mercedes García Arenal recoge varios textos que hablan de que en los bautizos se repartían «colaçion de buñuelos, camuesas, nueçes y mançanas», o «buñuelos, hojuelas, miel y fruta»; «buñuelos, camuesas, ojuelas y manzanas». García Arenal, Mercedes, *Inquisición y moriscos, los procesos del tribunal de Cuenca*, Siglo XXI editores, 1987, p. 72

399 Apicio, p. 63.

el apelativo de «hueso» por su parecido a un hueso, pero que al terminar friéndose, sería una fruta de sartén.

La receta de Ibn Razín consiste en una masa de sémola que se extiende en tortas finas a las que se unta grasa animal (sebo de riñón fresco) muy triturada. Las tortas se doblan y se cortan dándoles la forma de hueso. Se fríen y después se les añade miel, frutos secos molidos, sésamo y algunas especias aromáticas y se termina espolvoreando con azúcar.[400] El Anónimo relata tres maneras de hacer este dulce, una de ellas lleva grasa animal como la anterior, en este caso de carnero o de cabra joven, pero las otras dos llevan un relleno de frutos secos, almendras o nueces, y azúcar.[401] Hoy hay versiones de este dulce que también se terminan friendo, es el caso de los «huesos de San Expedito» que se hacen durante la Semana Santa sevillana, muy semejantes a los «palillos» del pueblo granadino de Pinos del Valle, o los «huesillos extremeños».

Otra de las frutas de sartén que aparece en los recetarios andalusíes es el *qannut,* (canuto) un término que el dialecto árabe andalusí recoge del sustrato romance proveniente del latín vulgar *cannutus* (del latín clásico *canna,* «caña»), por ser el tramo de una caña comprendido entre dos nudos, el instrumento que se utiliza para su confección. Tanto Ibn Razín como el Anónimo, incluyen la receta del «canuto», aunque en ambos casos recogen una variedad de ese dulce en la que se introduce dentro del canuto un relleno de masa de frutos secos, miel y especias. Esta sería la elaboración más sofisticada para los paladares más elitistas a los que, en mayor medida, iban destinados estos recetarios. Pero hemos de pensar que este dulce, en su versión más sencilla, simplemente rebozada con azúcar y canela, ya se haría en esa época tal y como se ha ido transmitiendo a lo largo de las generaciones, y que ha quedado en los actuales dulces de canuto manchegos y extremeños.

---

400 Ver Ibn Razín, p. 122.

401 Anónimo, pp. 257-258.

La manera en que se hacía la masa, en forma de «canuto», era la misma que ahora: «Se enrolla la masa sobre canutos de caña, de modo que queden bien cubiertos, y se les da vueltas sobre la mesa con la palma de las manos para que la masa quede bien lisa. Se corta la masa sola en tubos pequeños que se separan unos de otros y se dejan secar sobre los canutos de caña [...]. Luego se retiran con cuidado los canutos de masa de las cañas y se fríen con aceite de oliva en un perol de barro, hasta que se doran».[402] Aquí vemos una pequeña diferencia con la técnica actual, ya que hoy se fríe la masa todavía envuelta en el canuto de caña y después es cuando se separa la masa de la caña. En los recetarios andalusíes se rellena la masa frita, en forma de canuto, con una mezcla de frutos secos machacados, especias y miel, y se termina poniendo algún fruto seco entero en los extremos del «canuto».

La técnica que recoge el recetario andalusí se sigue haciendo en Cabra (Córdoba) en un dulce con el nombre de «gajorro», donde la masa de aceite, huevos, azúcar, harina, ralladura de limón y canela molida, se termina enrollando en un canuto para darle forma. Se introduce la masa en aceite caliente y se despega el canuto de masa de la caña, y después se fríe.

El Anónimo recoge una receta de fruta de sartén con el nombre de *aqrún*[403] en la que se utiliza el canuto de caña, pero como rodillo para extender la masa, como se ha hecho tradicionalmente en la zona de Priego de Córdoba para elaborar las «tortas de canuto», que lleva el apelativo de «canuto», no por su forma, que no es de canuto, sino por la utilización del canuto de caña a la hora de extender la masa antes de freírla.

La forma más habitual que tenían los andalusíes de cocinar las empanadillas (*sanbusak*) era con relleno dulce, tal y como las recomendaba Ibn Razín y las describía el Anónimo:

402 Ibn Razín, p. 107.

403 Anónimo, p. 145.

> Se toma harina blanca, que se amasa y se hace de ella un sanbusak muy pequeño, que se rellena de azúcar y almendras majadas, que se han aromatizado con canela, espliego, canela de la China y pimienta; se amasa todo con agua de rosas y luego se fríe en el freidor.[404]

Las empanadillas dulces, que no dejan de ser frutas de sartén, por ser masas fritas, aunque rellenas por dentro, se hacen actualmente en el territorio peninsular con diferentes nombres y tipos de relleno. Se hacen con relleno de «cabello de ángel» en Andalucía o en Tortosa (Tarragona), donde se les conoce como «pastissets». Con relleno de batata se hacen los «borrachuelos» de Málaga; de boniato, se confeccionan en Amposta (Tarragona) o en Canarias, donde se conocen como «truchas»; y relleno de crema llevan los «bartolillos» de Madrid.

En el Medio Oriente existe otra elaboración de una fruta de sartén parecida al *sanbusak*. Se trata de una versión endulzada de las tortitas conocidas como *qatayef* o *qataif* que terminan haciéndose como una empanadilla rellena y frita en aceite. Aunque es una aportación de la cocina del Medio Oriente, se hacía también en al-Ándalus:

> Se pueden moler las almendras y secarse como la sémola; después se muelen con otro tanto de azúcar blanco y se les añade clavo y espicanardo. Cuando se vayan a cocinar los qata'if en la cazuela, como se ha indicado, se les espolvorea el relleno molido y se enrolla cada oblea sobre lo que tiene en su interior, quedando con la forma de media circunferencia. Después se unen sus extremos con masa disuelta en agua de rosas y se fríen en aceite de oliva hasta que se doran.[405]

La masa de los *qataif* se hace con sémola cernida, agua caliente, levadura, sal y leche. Con esa masa se hacen tortitas sobre una placa. Esta masa posee la particularidad de que tiene un aspecto con hoyitos que dejan las burbujas que se consiguen con la fermentación de la masa guardada unas horas al calor suave y utilizando una técnica que explica Ibn Razín:

404 Anónimo, p. 199.

405 Ibn Razín, p. 114.

> La masa se pone en una olla limpia y se acerca a las trébedes, de manera que le llegue el calor, pero que no le dé el fuego directamente. Se deja así hasta que sube la masa. Después se coge la cazuela que se tenga preparada para esto, que es una cazuela con agujeros en el fondo, pero sin estar abiertos del todo, y se pone a calentar. Se frota con un paño limpio en el que se ha atado la sal y que se ha empapado en manteca de buena calidad. Después se vierte la masa en la cazuela poco a poco, en obleas pequeñas del tamaño de los *qata'if* usuales. Cuando se agujerean, se retiran y se hacen otras.[406]

Este efecto se consigue hoy añadiendo a la masa bicarbonato sódico.

A las tortas *qataif* se le podían añadir un relleno de frutos secos o simplemente bañarlas con un almíbar o con miel. La versión que recoge el bromatólogo nazarí al-Arbulí, es la que lleva frutos secos. Según el nazarí, los dulces de *qataif* se hacían con sémola, azúcar, miel y almendras, y otros ingredientes hojaldrados. Decía que «los que se hacen con nueces, almendras, alfóncigos, ajonjolí y linaza producen dolor de cabeza y son indigestos».[407] Actualmente sigue siendo un dulce típico de países como Siria, Líbano o Egipto.

Otro dulce muy conocido en el mundo islámico era el que se elaboraba con las tortas, secas y desmenuzadas, hechas con el almidón del trigo, conocido como *habís.* Decía al-Arbulí que el *habís* es un dulce de miel, manteca y almidón, u otros ingredientes.[408] De este dulce había varias versiones. Una de ellas, es la que recoge Ibn Razín con el nombre de Dulce de *habis*:

> Se decanta la miel, blanca y de buena calidad, como ya se ha indicado, en un perol al fuego, (removiendo) continuamente hasta que cuaja. Después se calienta mucho aceite en una sartén y se fríen láminas de *habis* en pedacitos. Se sacan rápidamente del aceite mientras están blandos y tiernos y se ponen en la miel cuajada, que debe estar muy caliente, a razón de un arrelde de *habis* por cuatro de miel. Se remueve con fuerza para que se mezcle todo bien.[409]

---

406 Ibn Razín, p. 113.

407 «Un tratado nazarí sobre alimentos» (II), p. 39.

408 *Ibidem.*

409 Ibn Razín, p. 284.

Otra versión de *habís*, que era típica del pueblo onubense de Niebla, según recoge el Anónimo, llevaba también incorporada a la masa, huevo, queso fresco y miel.[410]

La utilización del huevo en la repostería andalusí era muy importante. A veces se utilizaba el huevo completo, como en el «jabís» de Niebla; otras veces se utilizaban las yemas solas, o las claras solas que se utilizaban en las tortas de almendras, en determinados turrones, o en un dulce, que Ibn Razín denomina «cuajado de miel», en el que la miel se mezcla con claras de huevo que se baten «hasta que estén a punto de nieve. Se remueve todo sobre el fuego para que se mezcle, aguantando con paciencia hasta que blanquea y se cuaja. Después se le ponen nueces peladas».[411] La utilización de las claras de huevo es frecuente en la repostería actual. Por ejemplo, se utiliza para los turrones de Alicante, para hacer merengues, o se incorpora en la elaboración de algunas tartas y, también, la encontramos en dulces como los soplillos alpujarreños o los roscos de Loja (Granada).

Por otro lado, parece que la costumbre de hacer dulces con forma de rosca tenía que ver en la Antigüedad con el símbolo solar, confeccionándose con ocasión de fiestas relacionadas con el culto al sol.

En al-Ándalus se elaboraban rosquillas de pan, que se secaban al sol y servían para llevar en los viajes, debido a su mejor conservación. De ellas, posiblemente, derivan las «regañás» en forma de rosquilla que se siguen haciendo en algunas panaderías andaluzas. Había también frutas de sartén que se solían vender en los zocos, que también se podían hacer en forma de rosquillas, como los *sfenj* de Marruecos, los *alfinges* o buñuelos, y las *zalabiyas* o churros.

En las cocinas más refinadas de la época también se hacían almojábanas en forma de rosquillas:

> Se amasa la sémola que sea precisa con leche fresca y un poco de agua de rosas. Se coge otro tanto de queso fresco y de man-

410 Anónimo, p. 256.

411 Ibn Razín, p. 286.

> tequilla fresca, lo mismo que de queso. Se ralla el queso muy bien y se mezcla con la mantequilla. [...] Después se añaden el queso y la mantequilla a la masa, se amasa todo muy bien y se deja en la artesa. Se pone la sartén al fuego con una cantidad de aceite suficiente para cubrir las almojábanas. Se corta la masa en obleas pequeñas que se agujerean en el centro.[412]

Cuando la masa está dorada, se saca de la sartén y se sumerge en miel y se termina espolvoreando con azúcar y canela. Otra elaboración de frutas de sartén en forma de rosquilla serían los conocidos roscos de huevo que se hacen tradicionalmente en muchos hogares.

Los recetarios de la época recogen, además de las rosquillas fritas, una elaboración de rosquillas horneadas con el típico relleno dulce que forma parte de la extensa repostería andalusí, conocido como *alajú*, nombre del que deriva el actual alfajor. La masa se preparaba con harina, aceite, agua, sal y un poco de levadura. El relleno o *alajú*, con el que se rellenaban las rosquillas y que servía para diferentes tipos de dulces, se hacía con una mezcla de almendras molidas y azúcar, amasado, en algunas recetas más refinadas, con un poco de agua de rosas; y a la que se añadían especias como canela, clavo, alcanfor, o espliego, jengibre o pimienta, según cada repostero. Para la confección de las rosquillas

> Se prepara una mesa o una tabla limpia y se extiende sobre ella una parte de la masa. Se va poniendo el relleno preparado en el interior de la masa, extendiéndola a lo largo, y se doblan los extremos de la masa sobre el relleno, aplastándolo con las manos sobre la mesa para que quede bien cerrado; el grosor y la longitud, como se desee. Se le da forma circular, como una rosca, y se unen bien los extremos. Se le pone una marca [...] Se colocan (todas las rosquillas) en una tabla espolvoreada con un poco de harina y se cuecen al horno.[413]

La tradición de elaborar las rosquillas en las casas y llevarlas al horno o tahona pública ha persistido en muchos pueblos hasta no hace mucho. Como las rosquillas y otros

412 Ibn Razín, p. 126.

413 Ibn Razín, p. 105.

dulces, se solían hacer en fechas determinadas, y para su cocción en los hornos solía haber aglomeración, se aconsejaba, como hacía Ibn Razín, ponerles una marca para que cada uno supiera cuáles eran sus tablas de dulces. Hoy, con la industrialización, ya es fácil adquirir en los supermercados y panaderías una gran variedad de rosquillas.

LOS BIZCOCHOS: «EL BOLLO MAIMÓN»

Los andalusíes hacían un bizcocho al que le llamaban *ra's maymun* (cabeza de mono) por su forma parecida a una cabeza, y es que este bizcocho se hacía en un molde cerámico con vientre y cuello. Se engrasaba por dentro y se introducía en él una masa hecha de harina de sémola con agua, levadura y sal, a la que se le añadía mantequilla y huevos. La masa no debía sobrepasar el cuello de la vasija porque después, al crecer, sube por el cuello. Se la deja fermentar y después se lleva al horno suave. Dentro de la masa se introduce un canuto engrasado para que, cuando esté cocida, se pueda retirar. Se termina introduciendo en el hueco que deja el canuto, mantequilla y miel. En la receta de Ibn Razín, más compleja que la del Anónimo, al bizcocho se le clavan piñones, pistachos y almendras, se le echa por encima manteca y miel y se le espolvorea azúcar.[414]

Este tipo de bizcochos se siguieron haciendo después en el mundo cristiano, en el que se conocía como «bollo maimón». Domingo Hernández de Maceras, en su *Libro del Arte de cozina* (1607) recoge una receta en la que explica «cómo se han de hacer bollos de clavonia» a los que, según él, «estos se llaman también bollos maymones».[415]

La receta de Hernández Maceras, que era cocinero en Salamanca, es más parecida a una madalena, ya que no se le hace el hueco en el interior de la masa. Curiosamente, es en

414 Ver Anónimo, p. 134, Ibn Razín, p. 119.

415 Hernández de Maceras, Domingo, *Libro del arte de cozina.* Capítulo LV, p. 56.

la zona de Salamanca donde ha quedado un bizcocho con el nombre de «bollo maimón» que se seguía haciendo de forma muy similar a la receta andalusí, con su hueco en el centro. Hoy también se utiliza el nombre de «maimón» para un tipo de sopa que es típica de Andalucía. Posiblemente que la sopa de «maimones» deba su nombre a que en su origen, en vez de rebanadas de pan, se usaran, para su confección, rebanadas del bizcocho maimón.

LA «CIUDAD DE PASTA»

Los textos andalusíes nos hablan de un dulce en forma de «ciudad de pasta» en la que se representa una pequeña ciudad con alcázar hecha de pasta dulce y en la que aparecen figuras que representan a personas, también hechas de pasta o de azúcar. Un poema del siglo XI, recogido por Henri Pérès, en su magnífico libro *El esplendor de al-Andalus*, describe una:

Es una ciudad rodeada de una muralla ante la cual
los sabios magos están pasmados.
No se ha podido construir más que las manos
de una virgen o de una muchacha guardada en casa.
Aparece como una novia que se mostrara adornada con sus
galas, hecha de flor de harina, teñida con azafrán.[416]

Estos dulces se solían hacer para las fiestas de Navidad y año nuevo (el *yannair* romance o fiesta de enero). Había personas que las confeccionaban para venderlas en sus tiendas o en puestos callejeros, recordándonos lo que serían los puestos de «belenes» posteriores en los que se representan las casas y diversos personajes como los «sabios magos» y una novia virgen engalanada:

> En estas fiestas se hacen unos a otros preciosos regalos que han elegido de antemano y «ciudades» en las que forman e

416 Henri Pérès: *El esplendor de al-Andalus*, p. 307.

inventan diversas figuras. Los ricos montan en sus casas puestos como los de los tenderos y los arreglan esmeradamente. Hay gente que permite a sus familiares comer de ellos, y otros se lo prohíben. Los adornan como si se tratase de una desposada subida en su estrado, tras la de la cual no se cerraran las puertas. Los hay que venden una parte de aquello y venden (guardan) el resto. Nos ha contado más de un viajero que en algunas ciudades de al-Andalus estos puestos llegan a valer setenta dinares o más, por los quintales de azúcar que contienen, las arrobas de alfeñiques, la variedad de frutas frescas, bolas de dátiles, sacos de pasas e higos, de diferentes clases, especies y variedades, y toda suerte de cascajo: nueces, almendras, avellanas, castañas, bellotas y piñones; amén de caña de azúcar, y toronjas, naranjas y limas de la mejor calidad. En algunas ciudades hacen cazuela de pescado en salazón, en la que gastan hasta treinta dirhemes, y otras comidas por el estilo [...]. Suelta a los niños de las escuelas, y con ellos les llenan el corazón de amor por esas innovaciones que ya han echado raíces.[417]

Las figuras se solían hacer de pasta seca coloreada con algún producto natural, o con pasta de azúcar cocida que se introducía en moldes modelados con las figuras que se querían representar, tanto una figura humana, un árbol o una parte de una casa o alcázar, tal y como recoge el recetario Anónimo al describir la confección de «las figuras revestidas de azúcar»:

Se echa al azúcar otro tanto de agua o de agua de rosas y se cuece hasta que esté bien su altura, se vuelca en el molde y se hace de los que está en el molde, en los sitios ocultos y a la vista y lo que se les parece en el plato que quieras, porque sale en la figura de la mejor manera. Luego lo adornas con el dorado y lo que quieras de ello, y si quieres hacer un árbol o una figura de alcázar, córtalos pieza por pieza, luego lo adornas estancia por estancia y lo pegas con mástico hasta que se complete la figura que deseas.[418]

417 Texto de Abu-l-Qasim al-Azafi, soberano de Ceuta entre 1249-1278, traducido por Fernando de la Granja y recogido por Alejandro García Sanjuán en «La celebración de la Navidad en al-Andalus y la convivencia entre cristianos y musulmanes».

418 Anónimo, p. 281.

Es posible que la costumbre del regalo del roscón de reyes a los niños tenga que ver con la costumbre andalusí de regalar en la fiesta del *yanair,* o de primeros de año, este dulce en forma de ciudad de pasta o de torre de pequeño tamaño, tradición que ha quedado en el villancico actual: «Ya vienen los reyes/ por el arenal/ ya le traen al Niño/ una torre real».

Relacionada con esta costumbre ha pervivido, aunque vinculada a la pascua de abril, la costumbre de un regalo del padrino al ahijado al finalizar la Semana Santa. Es un dulce conocido como «mona» (de *munna* o *mouna,* con el significado de provisión o presente) nombre de origen árabe andalusí, posiblemente otro romancismo tan habitual en el dialecto árabe andalusí.

La mona de Pascua se ha seguido haciendo en casi todo el territorio peninsular, aunque en muchos sitios, ya con el nombre de hornazo. Es posible que la *mouna* que se hace en Orán (Argelia), que es un bizcocho con forma de cúpula o corona, fuese llevada por los andalusíes que se instalaron allí en el siglo X, o por los moriscos expulsados que se refugiaron en el siglo XVII.

Las monas de pascua u hornazos tienen muchas variantes, según el sitio y el tiempo. Pueden ser dulces o saladas, en forma de torta con huevos en cáscara, o en formas de animales como en las localidades de Montefrío y Algarinejo (Granada) donde se les da forma de ave, y por eso se les conoce como «pavicas» o «pajaricas». En algunas zonas del levante, sobre todo en Cataluña, a raíz del uso del chocolate, se ha generalizado su confección con este producto, elaborando auténticas esculturas de chocolate.

LAS MASAS DULCES

Los andalusíes también tenían sus «golosinas», que en el mundo árabe se les denominaba con el nombre genérico de *halwá* (dulces). Solían ser dulces de azúcar o de miel, con o sin frutos secos, a los que se les podían añadir algún otro producto aromatizante o espesante como la harina o el almidón, pero que se solían consumir en porciones pequeñas con diferentes formas.

En los recetarios andalusíes vienen varias versiones de este tipo de «golosinas» que podemos denominar como «masas dulces», un nombre que incluiría tanto a los dulces que los recetarios suelen denominar como «hechuras de azúcar», lo que equivaldría a los actuales caramelos, y a los turrones y mazapanes. Entre las primeras están lo que hoy se conoce como «alfeñiques» y las «arropías», que son como los alfeñiques pero elaborados con miel.

Este tipo de dulces debían ser muy populares, pues se recogen diferentes elaboraciones en los recetarios, empleando el azúcar o la miel, o una mezcla de los dos, como base dulce, y añadiéndole el fruto seco que apeteciera o se tuviera a mano. Principalmente se usaba más la almendra, pero hay recetas en las que se utiliza el pistacho o la nuez. Igualmente podía variar la forma en que se presentaba la golosina. Podía hacerse en forma redonda, como rosquillas, o como obleas, la misma forma en que hoy se elaboran algunas versiones del turrón; o en forma cuadrada o rectangular, como las barras de turrón y las actuales barretas y guirlaches.

Había otras golosinas que se elaboraban en forma de figuritas, como los actuales mazapanes. Incluso se hacían golosinas en forma de bolitas, hechas de pan y azúcar, que según el granadino Ibn al-Jatib se usaban para destetar a los niños: «Si el niño echa de menos el pecho materno se le darán, para distraerlo, unas bolitas hechas de pan y azúcar».[419]

La definición que da el DRAE para la palabra *alfeñique*, «pasta de azúcar cocida y estirada en barras muy delgadas y retorcidas», coincide con la «hechura del alfeñique» que describe el recetario Anónimo: «Se toma azúcar blanco y se diluye en agua regular, ni poca ni mucha, y se pone a un fuego ligero; se le quita su espuma y se limpia; se continúa su cocción hasta que se ligue medianamente; entonces se retira del fuego, y cuando se ha entibiado un poco, se coge con

419 Citado en García Sánchez, Expiración (1989), «El azúcar en la alimentación de los andalusíes», p. 230.

la mano y se encurva, como se hace con el dulce de miel encorvada hasta que se blanquee y guste su blancura».[420] Este «caramelo» se podía hacer en diferentes formatos: «luego se hacen rosquillas y alcorzas y formas parecidas a las cuerdas y los puños y a la figura que quieras; se deja sobre una plancha al aire hasta que se enfríe y se seque, y se retira».[421]

La arropía es un caramelo hecho de miel que se ha elaborado tradicionalmente en las casas, para deleite de niños y mayores, y que con la industrialización se ha ido perdiendo su elaboración casera. El DRAE equipara *arropía* a melcocha, que quiere decir «miel cocida», porque, en realidad, se hace cociendo la miel y estirándola cuando se va enfriando, aunque el nombre de «arropía» es un arabismo que viene de arrope, que era un jarabe o almíbar de miel.

El dulce de leche, que básicamente es leche azucarada concentrada, es muy apreciado actualmente en Latinoamérica, en la que se le dan diferentes nombres. Pero es, sobre todo, en el Cono Sur donde se conoce con este nombre. Hay una elaboración con textura más cremosa, que se utiliza para untar o como cobertura de pasteles, y otra más sólida, como un caramelo.

Parece que este dulce llega a América también a través de la colonización española. En el recetario andalusí Anónimo vemos una receta, que el autor denomina «hechura que se conoce como caña dulce», que básicamente es igual al dulce de leche, en su versión más sólida:

> Se toma de leche fresca un *kail* y se le pone dos libras de azúcar, se clarifica con un paño; luego se lleva a un fuego moderado y se procura cocerlo y agitarlo ligeramente hasta que se ligue y se asocie; luego se pone en la *salaya* [especie de plancha de piedra caliente] hasta que se entibie y luego se extiende en pedazos de cuatro dedos cada uno y se cubren, como si fueran canutos de caña y se envuelven en harina de trigo tamizada y se igualan sus extremos con un cuchillo hasta que se igualen, se ponen en una tabla y se sirven.[422]

420 Anónimo, p. 276.

421 *Ibidem.*

422 Anónimo, p. 136.

Imagen 28. Dulce de leche. Foto de *Rashel Román Recetas.*

Lo que hoy conocemos como turrón es un dulce que también se hacía en la época andalusí. En los recetarios de la época vienen varias elaboraciones con distintos nombres que podemos identificar como recetas de turrón: «trabado de miel», «dulce blanco tierno», «ligado de azúcar» y en algunas variantes de un plato dulce conocido como *faludaj.* Sus componentes principales eran la miel, y en algún caso el azúcar, o los dos conjuntamente; a la que se añadía frutos secos, especialmente almendras, nueces, pistachos, y sésamo o ajonjolí.

La mayoría de las elaboraciones de este dulce se hacían con miel. De hecho, en varias de las versiones de turrón que recoge el malagueño al-Saqatí en su tratado del buen gobierno del Zoco, es la miel, y no el azúcar, la que se utiliza.[423] También Pedro de Alcalá, en su vocabulario castellano-arábigo recoge el término «turrón de miel», por lo que en el Reino de Granada la miel sería el producto más utilizado en su confección.

Al-Saqatí recoge una receta de turrón hecho de arrope: «se pone igual de peso de sésamo frito que de arrope espesado y dos y medio [arreldes] de linazas fritas por cada arrelde y medio de arrope espesado; este es el bueno».[424]

423 Al-Saqatí, p. 177.

424 *Ibidem.*

En algunas recetas de *faludaj*, nombre de origen persa, además de la miel y los frutos secos, se utilizan como ingredientes aceite, azafrán molido y almidón como espesante. En alguna de ellas se utiliza la clara del huevo como emulgente de la miel y para darle un color blanco, como se hace con el turrón de Alicante:

> Se pone un *kail* de miel de panal a un fuego moderado hasta que se disuelva; entonces se clarifica y se vuelve al fuego, luego se bate con la clara de veinticinco huevos, si es miel de panal, y si no lo es, con treinta huevos, que se echan a la miel; se bate con una caña dulce hasta que se blanquee y se ligue; entonces se le echa una libra de almendras limpia de su cáscara y se sirve.[425]

En otras recetas se utiliza conjuntamente azúcar y miel. Ese es el caso de la que el Anónimo denomina como «azucarado»:

> Se toma libra y media de azúcar y se le echa el agua de rosas y el agua que lo cubra, re remueve y se maja, se clarifica con un tamiz en una vasija de cerámica y se le echa una onza de miel por cada libra; se toma almendra descascarillada blanca una libra y se corta en tres o cuatro; se vuelve al fuego, se cuece y se saca a una fuente, que se ha engrasado con grasa de almendra y se extiende en un mármol, se corta, como quieras, se espolvorea con azúcar y se hace lo mismo con el pistacho, los piñones y las nueces.[426]

Hay otras elaboraciones que podríamos englobarlas dentro de los turrones, por la utilización del azúcar y los frutos secos. Una de ellas, es la que se conoce en zonas del antiguo Reino de Aragón, como guirlache, y en Granada se conoce como «barreta». La barreta es un dulce que no deja de ser una variedad de turrón, ya que en ella se mezcla el azúcar caramelizado con frutos secos. También se puede hacer con miel, como en la localidad granadina de Lanjarón.

La tradicional barreta granadina, típica en las fiestas del Corpus, ya se hacía en la época andalusí, según vemos en

425 Anónimo, p. 135.

426 Anónimo, p. 277.

una receta que recoge Ibn Razín con el nombre de «cuajado de azúcar»:

> Se disuelve un arrelde de azúcar en una cazuela al fuego, con agua que lo cubra y agua de rosas (hoy se utiliza en su lugar un poco de zumo de limón). Después se cuela y se pone a cocer en el perol hasta que, cuando se echa una gota sobre un mármol, se cuaja rápidamente. Luego se dispone un cuarto de arrelde de almendras peladas, se sacan y se añaden al azúcar que está al fuego, removiéndolo hasta que todo quede bien trabado. Se unta el mármol con aceite fino o con óleo de almendras dulces; se echa el dulce encima y se extiende con la mano, haciendo obleas con ello. También se puede hacer con piñones o con alfóncigos.[427]

Con piñones y miel se sigue haciendo en algunas localidades un dulce que recibe el nombre de «piñonate». No nos referimos a la fruta de sartén, con ese mismo nombre, que no contiene el fruto seco, sino a la que se hace en pueblos de Huelva, como Linares de la Sierra o Valverde del Camino, y en Jimena de la Frontera, en el Campo de Gibraltar. Este dulce lleva harina, huevo, aceite, almendras, piñones y aromatizantes como ajonjolí, canela, clavo, matalahúva y cáscara de naranja. Se hace una masa que se extiende en forma de cordón (*torcías*) que se cortan y se fríen. Se puede terminar el dulce empapando los trozos de masa frita en miel caliente, dándole forma de cuadrados pequeños, o en forma de rosquillas.

Otro de los productos de repostería, basado en el azúcar y la almendra, es el mazapán. Aunque su nombre es de origen incierto, como reconoce el DRAE, de lo que sí se tiene certeza es que su elaboración ya se hacía, en diferentes versiones, en la época andalusí. Una de estas versiones la podemos ver en una receta de aquella época traducida como «la jovial de azúcar» con la que se elaboraban figuras, como se hace hoy en día: «Se añade una parte de azúcar tamizado a una parte de almendra picada y limpia; se amasa todo con agua de rosas y pon como tercera cosa tu mano en grasa de

427 Ibn Razín, p. 285.

almendra y haz con ello lo que quieras de todas las rosquillas y figuras».[428]

Por último, el alfajor es un dulce típico de la repostería andaluza que cuenta como principales ingredientes a la miel o azúcar, frutos secos y especias, con incorporación, según las versiones, de pan rallado o harina. Esta misma masa dulce es la que se utilizaba en la cocina andalusí, en la del Magreb y el Medio Oriente, para rellenar algunas elaboraciones de dulces como los canutos, las patas o cuernos de gacela, los bocados de juez, las orejas de juez, y otros dulces que recogen los recetarios de la época.

A este relleno dulce se le conocía en al-Ándalus como *alajú*, derivado del árabe *al-hasú*, que significa precisamente «el relleno». Por eso, el alfajor es *alajú* (relleno), aunque este relleno dulce adquirió personalidad propia como «alfajor», conocido ya con ese nombre por el lexicógrafo Pedro de Alcalá, en la Granada recién conquistada, viajando a América donde se elaboran diferentes versiones con ese nombre.

El nombre *alajú*, aunque con las consonantes cambiadas por la pronunciación popular, quedando como *ajalú* ha pervivido en algunas localidades, sobre todo de la Alpujarra, para referirse a un dulce que cuadra perfectamente con el *al-hasú* andalusí, ya que se trata de un relleno de miel, pan tostado y molido, almendras tostadas y molidas, aromatizada la mezcla con cáscaras de naranja y limón, y un poquito de canela. Esta mezcla se extiende entre dos obleas y se parte en tiras para su consumo en Navidad o en fiestas familiares.

El alfajor, como dulce independiente, se ha seguido consumiendo en muchas localidades de Andalucía. Otra versión del alfajor, como relleno, se siguió haciendo en diversas poblaciones de la península a lo largo del tiempo. Aldonza, la protagonista de *La lozana andaluza*, se vanagloriaba de saber hacer diferentes dulces que le enseñó su abuela en Córdoba,

428 Anónimo, p. 281.

entre ellos las rosquillas de alfajor, quizás las mismas que recogen los recetarios andalusíes del siglo XIII y las mismas que se siguen haciendo en algunas poblaciones como en Casar (Cáceres).

LOS DULCES DE MASA DE PAN

En los recetarios andalusíes nos encontramos con elaboraciones de dulces basados en una masa de harina con agua o leche, con sal y con levadura o sin ella. A esta masa se le puede endulzar de diferentes formas, o incorporándole un relleno dulce como los que conocemos en otras elaboraciones, o simplemente incorporándole miel o azúcar por encima. Estas masas solían tener una textura más bien líquida para que se pudieran extender sobre una plancha o sartén para hacer una tortita fina. Ese es el caso del dulce conocido como la *kunafa*: «Luego se pone la placa que se usa para la *kunafa* sobre un fuego de carbón sin llama. Cuando se haya calentado, se unta con un paño limpio empapado en aceite fino; se echa la cantidad que quepa de masa, dejándola u poco hasta que se hace como una lámina fina. Se retira y se pone en una zafa. Se echa otro poco de la masa, que se hace del mismo modo y se van haciendo una tras otra hasta terminar».[429] A estas láminas de masa casi líquida hechas en una «plancha» se les vertía mantequilla y miel fundidas.

De este tipo de dulces, tortitas finas de masa a las que se le añade algo dulce, podemos ver hoy algunos de ellos como son los crepes dulces y otras elaboraciones semejantes que se hacen en el mundo con diferentes nombres, como son los panqueques y tortitas, elaborados especialmente en América. En la Península tenemos dulces actuales muy semejantes a los que describen los recetarios andalusíes como son las filloas gallegas o los *frijuelos* asturianos y leoneses.

Entre las tortas de masa de pan endulzadas de la época andalusí podemos incluir una que menciona el cordobés

429 Ibn Razín, p. 111.

Ibn Quzmán con el nombre de *hallún,* (referido a una torta de pan cocida en las cenizas) de donde procede *hallulla,* por la incorporación del sufijo latino *-ula* con el que formaría *hallúla* y la posterior evolución fonética hasta convertirse en *hallulla.*

Imagen 29. Hallullas de Almonte (Huelva). Horno Martín Naranjo.

Este es un dulce sencillo de elaborar que se ha seguido haciendo en diferentes localidades, conocido como tortas de azúcar. En algunos pueblos de Granada se sigue conociendo con el nombre de *jayuya* (de *hallulla,* pero con pronunciación andaluza de la *h* aspirada y la *ll* yeísta). En esta zona es una torta fina de pan a la que se le espolvorea azúcar por encima. En Granada existe una versión salada de la *jayuya,* conocida como «saladilla» o «salaílla». Esta sigue siendo una torta redonda y aplanada de pan pero sobre la que se espolvorea sal gorda y un poco de aceite de oliva.

En otros pueblos de Andalucía se conoce con este nombre de «jayuya» a otras elaboraciones de masa. Por ejemplo, en Alhaurín el Grande (Málaga) o en Escacena del Campo (Huelva) se trata de una torta de masa de pan frita, lo que sería una fruta de sartén, que en otras zonas de Andalucía se conoce también como «tortitas de masa de pan» o «sopaipas». Sin embargo, en Almonte (Huelva) la *hallulla* es un panecillo en forma de media luna, y hueco para rellenar con algo dulce, como almendras y miel, o con ingredientes salados, especialmente carne o queso. En la zona de Antequera se siguen elaborando unas masas de pan conocidas como «molletes» a los que podemos relacionar con esas tortas *hallullas* andalusíes. También vemos como el nombre de *hallulla* ha pasado a la parte sur del continente americano, sobre todo a Chile, donde son tortitas de pan redondas, aplanadas y esponjosas por dentro, a las que se les incorpora algún relleno.

PLATOS ENDULZADOS

En la gastronomía andalusí encontramos platos de carne en cuya elaboración se incorpora el sabor dulce a través de la utilización de frutas secas o por la introducción de edulcorantes como la miel o el azúcar, muy al gusto de la cocina oriental.

Uno de estos platos endulzados de origen persa, muy apreciado por la élite andalusí, era una especie de pastel de carne conocido como *yudaba*. Era de complicada elaboración y contenía, todo envuelto en láminas finas de masa, además de la carne, frutos secos, especias, aceite y azúcar. Decía Ibn Razín que era «un plato exquisito y de admirable confección, propio de las comidas de los reyes; su combinación es deliciosa, su alimento provechoso y su composición excelente».[430] Añadía el gastrónomo murciano que este plato se podía hacer también sin ningún tipo de carne, quedando como un

430 Ibn Razín, p. 214.

postre dulce. El Anónimo incluye otras versiones de *yudaba* en las que se añade leche y huevos.

Otro plato endulzado es el que en el mundo cristiano se conocía como «manjar blanco» que incluye la leche como ingrediente obligado. El DRAE recoge varias fórmulas de este plato, siendo la principal el que se hacía en la cocina medieval y que incluía carne cocida y desmenuzada, especialmente pechugas de gallina o de otra ave, a las que se les añadía azúcar, leche y alguna fécula como harina de arroz o pan rallado o torta de pan desmenuzada.

Su consistencia final es parecida a unas gachas, y quizás sea por eso por lo que Ibn Razín incluye recetas de lo que serían «manjares blancos» en la parte dedicada a «sopas desmigadas». Estas otras formas de hacer el manjar blanco, que recoge Ibn Razín, estarían más de acuerdo con las otras acepciones que explica el Diccionario sobre este plato, y que se refieren más a un postre dulce de leche:

> Se disuelve algo de masa con agua y se pone en una olla grande sobre un fuego flojo, removiendo continuamente. Luego se cuela leche fresca, se echa en la olla y se remueve con cuidado, echando más leche a medida que se consume. Cuando está a punto, se retira del fuego y se echa en un cuenco; se espolvorea con azúcar y se come.[431]

También explica el autor murciano la posibilidad de que se haga con tortas de masa seca, desmenuzadas en la leche. El Anónimo da otra receta que denomina «torta de leche» que se puede incluir en la categoría del manjar blanco dulce y que, según él, se hace con «leche fresca de oveja, porque no se prepara sino con ella».[432]

El manjar blanco apareció pronto en los recetarios cristianos medievales. En el *Libro de Sent Soví*, dirigido a las clases altas de la Corona de Aragón, ya se menciona este plato. En aquella época se elaboraba, además de como postre dulce de leche, como un guiso de carne de gallina desmenuzada y

431 Ibn Razín, p. 94.

432 Anónimo, p. 230.

mezclada con leche de almendras, arroz para espesarlo, y azúcar para endulzarlo. Esa es la forma de hacerlo que recogen otros recetarios del siglo XVI como el de Juan Vallés o el recetario de Ruperto de Nola (1525) que contempla la posibilidad de usar leche de almendras, si no hubiera leche de cabra.

Hoy se elabora un postre dulce con el nombre de «manjar blanco», parecido a unas natillas, pero sin huevo, en algunas zonas de Cataluña, como Reus y el bajo Ebro, y en las Baleares. Este postre es muy parecido a las talvinas o poleás del occidente andaluz, descendientes de las gachas dulces andalusíes.

En algunos pueblos de Andalucía, como Porcuna (Jáen), se hace un postre conocido como «gallina en leche», donde todavía pervive el nombre de la gallina, seguramente de cuando se hacía con su carne, como vemos en otras recetas antiguas de «manjar blanco». La «gallina en leche» de Porcuna, ha pasado a ser un postre horneado con una textura parecida a un pudin de pan.

6.

Las bebidas

En las mesas más refinadas de la sociedad andalusí se bebían bastantes zumos de frutas y usaban jarabes, término que viene del árabe *jarab,* con el significado de bebida dulce, para la elaboración de preparados dulces con zumos de frutas.

Algunos textos también hablan de una bebida refrescante hecha de agua de cebada: «El agua de cebada contiene muchas virtudes, pues refresca el cuerpo, lo humedece, apaga el calor de la fiebre, calma la tos y corta la sed, todo ello si se cuece bien hasta que toma un color rojo, pues de esa manera se va su calor. No obstante, hay que prohibírsela a quienes tengan retención de vientre, pues en ese caso produce angustia y dificultad de respiración. En cuanto al *sawiq* de cebada, es menos alimenticio que esta y retiene el vientre».[433]

Este *sawiq* que menciona el nazarí al-Arbulí era una infusión que se hacía con cebada tostada, que es equivalente a la malta o cebada torrefacta, muy habitual en la cocina como sucedáneo del café hasta que se ha generalizado el uso de este.

Aunque pueda parecer sorprendente para una sociedad islámica, en al-Ándalus se bebía vino, y por las referencias que nos han llegado, parece que bastante. Hemos de pensar

---

433 *Un tratado nazarí sobre alimentos* (I) p. 21.

que en los primeros siglos de islamización todavía había muchos cristianos y era lógico que ellos siguieran con la tradición del vino, pero las noticias que nos dan los textos no sólo se refieren a los cristianos o judíos, sino a los musulmanes, e incluso a los más altos cargos de la administración. Hemos de tener en cuenta que la prohibición de tomar bebidas alcohólicas era más bien por sus efectos de embriaguez y no por su mero consumo, aunque la interpretación de los alfaquíes fue cambiando en función del momento político y religioso.

En el siglo X, el historiador andalusí de origen tunecino, Aljoxani, en su *Historia de los jueces de Córdoba*, se preguntaba por el hecho de que los jueces andalusíes «cerraran los ojos para no ver a los borrachos, y su evidente negligencia en castigarlos y hasta la excesiva benignidad con que los trataban no me lo explico de otra manera, visto que en Andalucía se hablaba de esas cosas en todas partes y se les excusaba el vicio».[434]

El consumo de bebidas alcohólicas no solo era frecuente entre el pueblo sino que se daba en algunos de los más altos dignatarios como el emir al-Hakam I, que tenía fama de borracho. Así mismo vemos cómo el rey zirí de Granada, Abd Allah, justificaba su afición a beber vino con palabras de un sabio anónimo: «Si se toma como conviene, con quien conviene y cuando conviene, no hay mal en ello, porque alegra el espíritu, disipa los cuidados y enardece e impulsa las acciones meritorias».[435]

A veces se justificaba la ingesta de alcohol desde el punto de vista médico. El polígrafo granadino del siglo XIV, Ibn al-Jatib, que también escribió sobre temas médicos y dietéticos, entre ellos el consumo de bebidas alcohólicas, recomendaba o permitía el uso del alcohol en algunas ocasiones.

La ingesta del vino estaba asociada a la fiesta, y la fiesta no se puede entender sin música, bebida y comida. Son muchas las anécdotas que encontramos en las fuentes históri-

---

434 Aljoxaní, *Historia de los jueces de Córdoba*. Biblioteca de la Cultura Andaluza. Nº 9, p. 151.

435 *Las «memorias» de Abd Allah*, p. 310.

cas y poéticas del consumo de vino en fiestas de todo tipo, no solo por la población en general, sino por los mismos mandatarios. El poeta andalusí Abù Amir Ibn Maslama nos dice: «¡Oh anfitrión mío!, levántate para verter la copa de la mañana y en el laúd improvisa una canción. La vida sólo es agradable por la música, la flauta y el cubilete».[436] El mismo rey-poeta al-Mutamid de Sevilla declara: «¿Te dejarías llevar por la tristeza hasta la muerte cuando el laúd y el vino fresco están aquí y te esperan?»[437] Un historiador andalusí hablaba de que «los cordobeses se distinguían, por la elegancia de su traje [...] y el celo en romper los recipientes de vino».[438]

En muchas ciudades andalusíes existían tabernas que eran frecuentadas por los cristianos, pero a las que también se acercaban los musulmanes. Entre estos clientes estarían los poetas que nos han dejado en sus composiciones su afición al vino y a frecuentar las tabernas. El poeta cordobés Ibn Shuhayd (siglo XI), del que el historiador Ibn Hayyán decía que «estaba más apegado al vino que los pájaros a las ramas», escribía en unos versos: ¡Cuantas veces en la taberna del monasterio he bebido el vino de la juventud mezclado con los más puros vinos![439]

Otro poeta del siglo IX, nacido en Jaén, apodado al-Gazal (la gacela) plasmó en sus versos su afición al vino y a la taberna: «En el vino he ahogado mis penas, olvidando toda vergüenza y recato/ [...] Me fui a una taberna y llamé a su dueño que, sobresaltado, acudió a mi llamada/ [...] Y le dije: ¡Echa vino!»,[440] Muchas de estas tabernas eran regentadas por mujeres, si hemos de creer al poeta Ibn al-Labbana: «¡A cuántas taberneras he despertado cuando ya el cielo había quebrado y dispersado las perlas de su rocío!».[441]

436 *Esplendor de al-Andalus*. p. 368.

437 *Ibidem*, p. 365.

438 *Ibidem*, p. 370.

439 García Gómez, Emilio, *Poemas arabigoandaluces*. Espasa-Calpe, séptima edición (1982).

440 *Ibidem*.

441 *Esplendor de al-Andalus*. p. 371.

Pero parece que no solo consumían vino los hombres sino que tampoco debía ser extraño entre las mujeres, si hacemos caso a las recomendaciones que hacía Ibn al-Jatib a las mujeres que querían engordar para que tomaran vino dulce, entre otros alimentos, o las recomendaciones a las nodrizas, en algunos casos, para que tomaran vino rebajado con agua.[442]

Viñedos había en general por todo el territorio, pero había un vino especialmente apreciado por los andaluces, de antes y de ahora: el vino de Málaga. Al Saqundi, al hablar de la ciudad de Málaga contaba que «también es peculiar de esta ciudad un vino delicioso, tanto lícito como ilícito, hasta el punto de que se ha hecho proverbial el vino de Málaga».[443]

Posiblemente ya se conocía un vino de color dorado semejante al vino fino, según podemos deducir de estos versos de al-Mutamid: «El escanciador nos ha ofrecido, gracias a la alquimia, oro fundido en agua helada».[444]

Los moriscos también seguían con la costumbre de beber vino, especialmente en las fiestas. El Ayuntamiento de Granada tuvo que acordar en 1500 que no se vendiesen a los moriscos «cueros de vinos ni botas para se juntar en los cármenes y heredades a se emborrachar».[445] En 1515, otra cédula establece condena de un día de cárcel a los cristianos nuevos que se encontrasen borrachos en las calles,[446] y en 1521, el Ayuntamiento de Baza tuvo que dictar una prohibición de venta de vino a los moriscos en los bodegones en los que «estaban todo el día».[447]

---

442 Ver García Sánchez, Expiración (2006), «Comidas de mujeres en la sociedad andalusí».

443 Al-Saqundi, *Elogio del Islam español.* Traducción de Emilio García Gómez. Citado en Abbadi, Mojtar, «Las fiestas profanas y religiosas en el reino de Granada«. *Miscelánea de Estudios Árabes y Hebraicos* 14-15: pp. 89-96.

444 *Esplendor de al-Andalus.* p.239

445 *Los moriscos del Reino de Granada según el Sínodo de Guadix de 1554*, p. 70.

446 *Los moriscos del Reino de Granada según el Sínodo de Guadix de 1554.* Anexo XIX, *Cédula condenando a un día de cárcel a los cristianos nuevos que se encontrasen borrachos en las calles.* p. 185.

447 *Los moriscos del Reino de Granada según el Sínodo de Guadix de 1554.* Anexo XXII, p. 189.

7.

Las tapas

El tomar aperitivos para acompañar a una bebida es una tradición mediterránea y del Medio Oriente. En *Las mil y una noches* ya se habla de los *mu'allakat al-sukr* (aperitivo para tomar con la bebida).[448] En el Mediterráneo oriental es muy típico el *meze*, aunque en este caso estaríamos mas ante lo que se conoce como entremeses, y no con el concepto actual de las *tapas* que se consumen en España al margen de las comidas y, que según el DRAE consiste en una «pequeña porción de algunos alimentos que se sirve de acompañamiento de una bebida en bares, tabernas, etc».

En al-Ándalus era ese el sentido de la tapa. Frecuentemente los poetas hacen referencias a los aperitivos que se ponen como acompañantes del vino o de otras bebidas y que tanto nos recuerdan a nuestras actuales tapas. Existía la costumbre de tostar y/o salar diferentes productos para acompañar las bebidas. Podían ser frutos secos como la almendra o la avellana, o legumbres. Una muy popular eran los garbanzos tostados o fritos y después salados, una tradición que ha pervivido hasta ahora. Otra de ellas serían las habas fritas o tostadas con sal, que en al-Ándalus se las denominaba como

448 Ver Ibn Razín, p. 136, nota 91.

ziryabí, posiblemente en honor al, entre otras cosas, «gastrónomo» Ziryab. El sevillano Avenzoar atestiguaba esa tradición: «La gente tuesta las habas y los garbanzos».[449]

Los altramuces (del árabe *al-turmus*) se consumían como aperitivo, al igual que se han seguido consumiendo, sobre todo, en las ferias de los pueblos. Según al-Arbulí «son un buen alimento y despiertan el apetito».[450] Se debían macerar en agua para que perdieran el amargor y luego se salaban. También se consumían como aperitivos los encurtidos de alcaparrones, berenjenas o de col, y las aceitunas aliñadas. En la sociedad más refinada, el aperitivo se sofisticaba con la elaboración de pequeñas exquisiteces que se consumían como acompañantes de las bebidas en las fiestas.

En la península ibérica se ha desarrollado toda una cultura del aperitivo o de la tapa, compitiendo entre distintos restaurantes y localidades, en la elaboración de la mejor tapa.

449 Ibn Zuhr, p. 49.

450 «Un tratado nazarí sobre alimentos» (II) p. 12.

Conclusiones

La gastronomía se puede considerar como uno de los elementos básicos de la cultura de una sociedad. Forma parte de la cultura que se adquiere y se elige a lo largo del tiempo. En la cultura culinaria, primero se elige lo que se va a consumir: lo que se produce a través de la agricultura, del latín *agri* (campo) y *cultura* (cultivo); se eligen qué tipo de animales se van a dedicar a la ganadería para su consumo; y se elige lo que se caza y lo que se pesca. Luego se elige cómo se cocina. En la primera elección, lo que se cultiva, es importante el clima. En las otras elecciones pueden entrar en juego otros factores como el gusto o las creencias religiosas.

Al-Ándalus tenía una diversidad climática, aunque con predominio del clima mediterráneo, y eso era determinante en el cultivo de los productos vegetales, que tuvieron un gran desarrollo en su producción y variedad, con la ayuda de una sofisticada ingeniería hidráulica. En aquella época se producían alimentos que ya tenían tradición desde la Antigüedad. A ellos se unieron otros que se importaron y se aclimataron en la península.

En la elección de los animales a consumir tuvo una impronta determinante el que al-Ándalus fuera una sociedad islamizada donde el peso de la religión musulmana, y en su proporción la judía, condicionaba algunos aspectos de la gastronomía como era la ausencia, bastante generalizada, del consumo de ganado porcino, o la no ingestión de la sangre, que influía en la forma de sacrificar al animal para conseguir el desangrado.

La cocina andalusí que se conoce a través de los diferentes textos que hacen referencia a ella, como los botánicos, agronómicos, bromatológicos, médicos, literarios o los tratados de *hisba*, y, sobre todo, los dos recetarios conocidos, redactados en el siglo XIII, tiene un componente autóctono, basado en la tradición anterior de origen hispano-romano, a la que se le ha ido incorporando, a lo largo de la islamización, influencias de la cocina islámica de Oriente y del Magreb.

De todos esos textos analizados podemos deducir que la gastronomía andalusí es muy variada en el empleo de los alimentos, en las formas de preparar esos alimentos y en la consecución de diferentes sabores a través de la múltiple combinación de condimentos y especias.

Entre los sabores más degustados en la gastronomía andalusí podemos destacar los ácidos, conseguidos con el empleo profuso del vinagre en diferentes platos, especialmente en los escabechados y los encurtidos, o la utilización de frutas de sabor ácido, como el membrillo, la manzana ácida, la ciruela ácida, la lima o la cidra; otro sería el sabor, un punto amargo, del azafrán, también empleado con profusión en muy diferentes elaboraciones culinarias. Podríamos asegurar que el empleo abundante en la cocina andalusí del vinagre y el azafrán, sería una de las características diferenciadoras de la cocina de al-Ándalus con respecto a otras contemporáneas.

Otra característica de los sabores de al-Ándalus es la utilización de los sabores agridulces, muy característicos de la cocina del Medio Oriente, en platos, sobre todo de carne, a través del empleo, junto a sabores salados y ácidos, de edulcorantes como la miel y el azúcar, y de frutos secos, especialmente la almendra, y de frutas dulces secas y frescas como la ciruela, la manzana y la pera. Sin olvidarnos del sabor dulce omnipresente en la rica y extensa repostería andalusí, influenciada por la repostería islámica del Mediterráneo oriental.

Tampoco nos podemos olvidar de la variabilidad de sabores que se conseguían con la utilización de diferentes especias, especialmente la canela, el comino, la matalahúva y la pimienta; y de hierbas aromáticas como el cilantro, la yerbabuena y el perejil, en algunos casos. O el empleo, casi omnipresente, del huevo en sus diferentes formas de cocinarlo: cocido, cuajado, frito, revuelto, en tortilla, o batido y mezclado con especias o migas de pan para conseguir el encostrado del plato; lo que se considera también como una de las características de la cocina andalusí.

Así como en los recetarios andalusíes se ve la influencia de los recetarios que circulaban en los siglos anteriores entre las élites de Medio Oriente, igualmente se ve la influencia de la gastronomía de al-Ándalus en los recetarios que circulaban entre los cocineros de la alta sociedad de los reinos cristianos peninsulares en los siglos posteriores, influencia que se trasladó a América con los conquistadores.

La influencia de la gastronomía andalusí en la cocina castellano-aragonesa posterior no sólo se ve a nivel de las élites sino que, rastreando la cocina tradicional y popular de la sociedad cristiana, se ve también ese influjo en ella, ya sea por la población de origen andalusí que quedó en esos territorios, o por los mozárabes (cristianos arabizados) y moriscos (musulmanes convertidos forzosamente al cristianismo) que se exiliaron o fueron expulsados a esos territorios, en diferentes épocas.

Los recetarios de ese tiempo estaban destinados, sobre todo, a las clases más pudientes económicamente de la sociedad andalusí, y en ellos se recogen bastantes recetas de complicada y sofisticada elaboración, y de alto coste, no solo en tiempo, sino también en dinero, por la utilización de alimentos y especias de difícil acceso a la mayoría del pueblo. Pero junto a esos platos más sofisticados se recogen elaboraciones muy sencillas y populares, muchas de ellas de tradición anterior a la islamización, y que, al incluirse en este tipo de recetarios, se supone que también eran del agrado de las élites políticas y económicas andalusíes.

Bibliografía

Abbadi, Mojtar (1965), «Las fiestas profanas y religiosas en el reino de Granada». *Miscelánea de Estudios Árabes y Hebraicos* 14-15: pp. 89-96.

Abdalá Ibn Buluguin Ibn Badis (1981), *El siglo XI en 1ª persona. Las «memorias» de Abd Allah, último rey Zirí de Granada destronado por los Almorávides (1090).* Traducción y notas: E. Leví-Provençal y E. García Gómez. Alianza tres.

Abu l-Jayr: *Kitab al-Filaha* (1991), *Tratado de agricultura.* Introducción, edición y traducción de Julia María Carabaza Bravo. Agencia española de cooperación internacional. Madrid.

Abu Marwan Abd al-Malik b. Zuhr (1992), *Kitab al-Agdiya - Tratado de los alimentos.* Edición, traducción e introducción por Expiración García Sánchez. Madrid: Consejo Superior de Investigaciones Científicas; Instituto de Cooperación con el Mundo Árabe (Fuentes arábico-hispanas; 4).

Al-Himyari (1963), *Kitab ar-Rawd al-Mi'tar,* traducido por Mª Pilar Maestro González. Textos Medievales, 10. Valencia.

Al-Idrisí (1988), *Geografía de España.* Traducción española por Eduardo Saavedra y Antonio Blázquez. Índices por Antonio Ubieto Arteta. Textos medievales, 37. Zaragoza.

Aljoxaní (1985), *Historia de los jueces de Córdoba.* Biblioteca de la Cultura Andaluza. Nº 9.

Al-Saqatí al-Malaqí (2014), *Libro del buen gobierno del zoco.* Edición por P. Chalmeta y F. Corriente. Traducción y estudio por P. Chalmeta. Edición de la Fundación Ibn Tufayl de Estudios Árabes. Almería.

Aznar Cardona, Pedro (1612), *Expulsión justificada de los moriscos españoles, y suma de las excelencias christianas de nuestro Rey Don Felipe el Catholico tercero deste nombre. En Huesca: por Pedro Cabarte, 1612.* Obra digitalizada por la Biblioteca del Banco de España.

Barceló, Carmen y Labarta, Ana (1984), «Azúcar, "trapigs" y dos textos árabes valencianos», *Sharq al-Ándalus,* Nº 1 pp. 55-70.

Bernáldez, Andrés (1870), *Historia de los reyes católicos D. Fernando y Doña Isabel, escrita por el bachiller Andrés Bernáldez,* Sevilla.

Bolens, Lucie (1992), *La cocina andaluza, un arte de vivir. Siglos XI-XIII.* Editorial EDAF, S.A. Madrid.

Corriente, Federico (2017), «La cocina de la lozana andaluza: testimonios y ecos en las dos orillas septentrional y meridional del Mediterráneo». *La razón es Aurora. Estudios en homenaje a la profesora Aurora Egido.* IFC, pp. 545-552.

Chalmeta, Pedro (1996), «Aceites, almazaras y etimologías». *Anaquel de Estudios Árabes* VII.

De la Granja Santamaría, Fernando (1999), *Estudios de Historia de al-Andalus.* Real Academia de la Historia, Madrid.

Díaz García, A. (1979-1980), «Un tratado nazarí sobre alimentos: Al-Kalam ala l-agdiya de al-Arbuli. Edición, traducción y estudio, con glosarios (I), *Cuadernos de Estudios Medievales* X-XI, Universidad de Granada, pp. 5-37.

Díaz García, A. (1983), «Un tratado nazarí sobre alimentos: Al-Kalam ala l-agdiya de al-Arbuli. Edición, traducción y estudio, con glosarios (II), *Cuadernos de Estudios Medievales* X-XI, Universidad de Granada, pp. 5-91.

Domínguez Ortiz (1962), «Notas para una sociología de los moriscos españoles». *Miscelánea de Estudios Árabes y Hebraicos.* Vol. 11.

Forcada, Miquel (2019), «Granada safarí e higo dunniqal: la transmisión de nombres y especies en al-Ándalus». *Panace@* XX (50), 34-41.

Gallego Burín, A. y Gámir Sandoval, A. (1996), «Los moriscos del Reino de Granada según el Sínodo de Guadix de 1554». *Archivum.* Servicio de publicaciones de la Universidad de Granada.

García Arenal, Mercedes (1987), *Inquisición y moriscos, los procesos del tribunal de Cuenca,* Siglo XXI editores.

García Duarte, Francisco de Borja (2021), *Memoria viva de al-Ándalus.* Almuzara

García García, M., Moreno García, M., Fuertes Santos, M. del C., & Hidalgo Prieto, R. (2021), «Por sus basuras los reconoceréis: La identificación arqueozoológica de una comunidad dimmí cristiana en la Qurtuba tardoandalusí (Cercadilla, siglo XII»). *Arqueología Y Territorio Medieval,* 28.

García Gómez, Emilio (1982), *Poemas arabigoandaluces.* Espasa-Calpe, séptima edición.

García Sánchez, Expiración (1981), «Ibn al-Azraq: Uryuza sobre ciertas preferencias gastronómicas de los granadinos». *Andalucía Islámica. Textos y estudios,* I, pp. 141-162.

García Sánchez, Expiración (1981-82), «La alimentación en la Andalucía islámica. (I): Cereales y leguminosas». *Andalucía Islámica. Textos y estudios, II-III,* pp. 138-178.

García Sánchez, Expiración (1983-1986), «La alimentación en la Andalucía islámica» (II). *Andalucía Islámica. Textos y Estudios,* IV-V, pp. 237-278.

García Sánchez, Expiración (1989), «El azúcar en la alimentación de los andalusíes». *Actas del Primer Seminario Internacional: La caña de azúcar en tiempos de los grandes descubrimientos (1450-1550).* Motril, Casa de la Palma, pp. 214-225.

García Sánchez, Expiración (1994), «La conservación de los productos vegetales en las fuentes agronómicas andalusíes». Manuela Marín y David Waines (eds.), *La alimentación en las culturas islámicas.* Madrid, 1994, pp. 251-293 Agencia española de Cooperación internacional.

García Sánchez, Expiración (1995), «La gastronomía andalusí». Purificación de la Torre (coord.), *El zoco: vida económica y artes tradicionales en al-Ándalus y Marruecos.* Barcelona, pp. 49-57.

García Sánchez: Expiración (1996), «El consumo de aceite de oliva y otras grasas vegetales en al-Ándalus». María Barceló Crespí (coord.), *La Mediterrània, àrea de convergència de sistemes alimentaris (segles V-XVIII) / XIV Jornades d'Estudis Històrics Locals.* Palma de Mallorca: Institut d'Estudis Baleàrics, p. 15-38.

García Sánchez, Expiración (1996), «La alimentación popular urbana en al-Andalus», *Arqueología Medieval,* 4, pp. 219-235.

García Sánchez, Expiración (2004), «El sabor de lo dulce en la gastronomía andalusí». Fernando Nuez (ed.), *La herencia árabe en la agricultura y el bienestar de Occidente.* Valencia, pp. 165-204.

García Sánchez, Expiración (2004), «Especias y condimentos en la sociedad andalusí: prácticas culinarias y aplicaciones dietéticas». A. Garrido Aranda (comp.), *El sabor del sabor: Hierbas aromáticas, condimentos y especias.* Córdoba: Servicio de Publicaciones de la Universidad, pp. 71-96.

García Sánchez, Expiración (2005), «Comida de enfermos, dieta de sanos: hábitos alimenticios y procesos culinarios en los textos médicos andalusíes», M. Marín; C. de la Puente (eds.), *El banquete de las palabras: la alimentación de los textos árabes,* M. Marín; C. de la Puente (eds.). Madrid: CSIC, pp. 57-87.

García Sánchez, Expiración (2006), «Comidas de mujeres en la sociedad andalusí». Mª Isabel Calero (coord.), *Las mujeres en la sociedad islámica: una visión plural.* Málaga: Servicio de Publicaciones e Intercambio Científico Universidad de Málaga, pp. 201- 222.

García Sánchez, Expiración (2011), «La producción frutícola en al-Ándalus: un ejemplo de biodiversidad». *Estudios Avanzados* 16, pp. 51-70.

García Sanjuán, Alejandro (2011), «La celebración de la Navidad en al-Ándalus y la convivencia entre cristianos y musulmanes». *Te cuento la Navidad, Visiones y miradas sobre las fiestas de invierno.* Editorial Aconcagua, Sevilla.

Gavio Apicio, Marco (1986) *Cocina romana.* Traducción de Bárbara Pastor Artigues. Editorial Coloquio. Madrid.

Hernández de Maceras, Domingo (1607) *Libro del arte de cozina.* Salamanca.

Hernández Pérez, Silvia (2010), *Crisol de sabores. Paseo por la gastronomía de las tres culturas.* Ediciones SIGUSA.

Huetos Solano, Mª Dolores y Salas-Salvadó, Jordi (2005), «Alimentación, dietética y nutrición en al-Ándalus». *La alimentación y la nutrición a través de la Historia.* Editorial Glosa.

Ibn Razín al-Tugibí (2007), *Relieve de las mesas, acerca de las delicias de la comida y los diferentes platos.* Estudio, traducción y notas por Manuela Marín. Ediciones Trea.

Ibn Zuhr, Abu Marwan (1992), *Kitab al-Agdiya (Tratado de los alimentos).* Edición, traducción e introducción por Expiración García Sánchez. CSIC, Madrid.

La cocina Hispano-magrebí durante la época almohade, según un manuscrito anónimo del siglo XIII traducido por Ambrosio Huici Miranda. Estudio preliminar de Manuela Marín. Ediciones Trea, S.L. 2005. Reimpresión en 2016.

Laborda Castellote, José Manuel (2015), *Hábitos alimentarios de los siglos XVI y XVII a través de la obra de Cervantes: Relación con la mori-mortalidad de la época.* Tesis doctoral. Universidad de Alcalá.

Lirola Delgado, Jorge (2022), *Almería, base naval, económica y cultural de al-Ándalus.* Fundación Ibn Tufayl de Estudios Árabes, Almería.

Los doce libros de agricultura que escribió en latín Lucio Junio Moderato Columela, traducido al castellano por D. Juan María Álvarez de Sotomayor. Tomos I y II. Madrid 1824. Recuperado y revisado por José Cerrada García (2018).

Marín, Manuela (2929) «Cazuela mojí y capirotada: idas y venidas de una técnica culinaria andalusí». *Al-Ándalus y la Historia,* revista de divulgación histórica. www.alandalusylahistoria.com fecha de publicación el 10-7-2020.

Martínez Enamorado, Virgilio (2009), «Paladares de príncipes, recetas cortesanas, comidas de campesinos: valoraciones en torno a la alimentación de los andalusíes». J. M. Hita Ruiz, J. Suárez Padilla y F. Villada Paredes (coords.), *Comer en Ceuta en el siglo XIV. La alimentación durante la época meriní, catálogo de la exposición celebrada en el Museo de la basílica paleocristiana de Ceuta* (13 de marzo de 2009-28 de febrero de 2010), Ceuta, pp. 60-97.

Mataix Verdú, José y Barbancho Cisneros, Francisco Javier (2007), *Hortalizas y verduras en la alimentación mediterránea.* Editorial Universidad de Almería.

Münzer, Jerónimo (1924), «Viaje por España y Portugal en los años 1494 y 1495. Versión del latín por Julio Puyol». *Boletín de la Real Academia de la Historia.*

Ordenanzas que los muy ilustres y muy magníficos señores Granada mandaron guardar, para la buena governación de su Republica, (1552). Edición de 1670.

Pérès, Henri (1990), *El esplendor de al-Ándalus.* Libros Hiperión. Madrid.

Pezzi, Elena (1989), *El vocabulario de Pedro de Alcalá.* Editorial Cajal, Almería.

Piedrafita Pérez, Elena (2012), *La cocina de la Corona de Aragón en la Edad Media.* Academia Aragonesa de Gastronomía.

Ribot i Martín, Domènec, y García Reinoso, José (2019), *La cocina de la Alpujarra. Basada en un recetario del siglo XIX escrito por Nicolasa Montero García y Francisco Martín Martín.* Almuzara.

Riera Melis, Antoni (2001), «Las plantas que llegaron de Levante. Acerca del legado alimentario islámico en la Cataluña medieval». *Anuario de Estudios Medievales,* 31/12, pp. 787-841.

Risala fi awqat al-sana. Un calendario anónimo andalusí. Edición, traducción y notas de Mª Ángeles Navarro. CSIC 1990.

Rolf Eberenz (2015), *Léxico español de la alimentación y el arte culinario tradicionales.* Proyecto de investigación sobre la documentación de los siglos XIII a XVI. Université de Lausanne. Sección de español:

Rubiera Mata, Mª Jesús (1994), *La dieta de Ibn Quzmán. Notas sobre la alimentación andalusí a través de su literatura.* Agencia española de cooperación internacional.

Ruperto de Nola (1525), *Libro de guisados, manjares y potajes intitulado libro de cocina.* Edición de Toledo de 1525.

Salcedo Hierro, Miguel (1984), *La cocina andaluza.* Editorial Nebrija.

Serrano-Larráyoz, Fernando (2008), «Confitería y gastronomía («libros» IV-VI)». *El 'Regalo de la vida humana' de Juan Vallés.*

Torres Montes, Francisco: «Léxico de la cocina tradicional almeriense (con especial atención a las legumbres)». *Estudios ofrecidos al profesor José Jesús de Bustos Tovar* (Vol. I), Editorial Complutense. Madrid, 2003. Pp. 681-698.

Un tratado agrícola andalusí anónimo, Edición, traducción y estudio con glosario de Ángel C. López y López, Tesis Doctoral. Universidad de Granada 1991.

Vaquerizo Gil, Desiderio (2017), «Alimentación y dieta en la Qurtuba islámica». *Al-Mulk, anuario de estudios arabistas,* nº 15.

Vaquerizo Gil, Desiderio (2017), «La alimentación en al-Ándalus a partir del registro arqueofaunístico. Estado de la cuestión». *Lucentum* XXXVI, 341-358.

CONCLUYÓ LA EDICIÓN DE ESTE LIBRO, POR ENCOMIENDA DE ALMUZARA, EN DICIEMBRE DE 2024, AÑO EN QUE SE CONMEMORA EL 420º ANIVERSARIO DE LA CONFECCIÓN DE LA COPIA DEL «RECETARIO ANÓNIMO» DEL SIGLO XIII QUE, TRADUCIDO POR HUICI MIRANDA, NOS PERMITIRÍA CONOCER LA GASTRONOMÍA DE AL ÁNDALUS.